100가지 과학 1,000가지 상식 ③
로봇

100가지 과학 **1,000**가지 **상식**은
초등학생들의 상상력과 창의력을 존중하며
재미있고 환상적인 이야기로 여러분 곁에 늘 가까이 있겠습니다.
좋은 책을 읽는 것은 세상에서 가장 값진 보물을 갖는 것과 같습니다.

글 | 판도라
감수 | 오준호
그림 | 신경순
펴낸이 | 이재은
펴낸곳 | 세상모든책
기획·편집 | 임하나, 한나래, 김청엽
디자인 | 권선미
마케팅 | 이주은, 이은경
주소 | 서울시 광진구 자양동 680-77 모던빌딩 2층
전화 | 02-446-0561
팩스 | 02-446-0569
E-mail | everybk@hanmail.net
Homepage | www.ieverybook.com www.세상모든책.kr
출판등록 | 1997.11.18. 제10-1511호
초판 1쇄 발행 | 2008년 3월 3일
초판 3쇄 발행 | 2012년 2월 28일

Copyright ⓒ 2007 세상모든책
이 책에 실린 글과 그림을 무단으로 복사, 복제, 배포하는 것은 저작권자의 권리를 침해하는 것입니다.
ISBN 978-89-5560-213-5 74400 ISBN 978-89-5560-199-2 74400 (세트)

*잘못 만들어진 책은 바꾸어 드립니다.

100가지 과학 1,000가지 상식 ③

로봇

세상모든책

이 책을 내면서

앞으로 우리가 살아갈 미래의 세상은 어떤 모습일까요? 아마 누구나 한 번쯤 이런 궁금증을 가져 봤을 거예요.

아침에 눈을 뜨면 몸 상태에 맞는 식사가 준비돼 있고, 그날 날씨에 맞게 입어야 할 옷도 준비돼 있어요. 학교에 가지 않아도 나만을 위한 선생님과 재미있게 공부하지요. 또 위험한 전쟁터에서는 더 이상 군인들의 모습을 볼 수 없어요. 다리에 장애를 가진 사람도 충분히 걸을 수 있지요.

이런 세상을 누구나 한 번쯤 꿈꿔 봤을 거예요. 그런데 이것은 단순히 꿈속에서만 존재하는 세상이 아니에요. 과학 기술의 무한한 발전과 함께 우리는 점점 더 멋진 세상을 향해 가까이 다가가고 있지요.

편리하고 멋진 세상을 함께할 친구는 바로 로봇이에요. 우리를 돌봐 줄 유비봇, 선생님과 군인을 대신할 교육 로봇과 군사 로봇, 장애인의 재활에 도움을 줄 입는 로봇 등 이들과 함께 한다면 우리의 생활은 좀 더 편리해질 거예요.

로봇과 함께하는 세상을 위해서는 로봇에 대해서 잘 알아야 해요. 그래야 로봇이 인간을 지배하는 무서운 세상을 막을 수도 있고, 로봇을 좀 더 잘 활용할 수 있게 될 거예요. 그러려면 어린이 여러분들의 무한한 상상력과 끊임없는 노력이 필요하겠지요?

「100가지 과학 1,000가지 상식 - 로봇」은 그런 의미에서 어린이 여러분들에게 좋은 책이 될 거예요. 이 책에서는 그동안 어린이 여러분들이 로봇에 관해서 궁금해 했던 질문들을 뽑아 재미있고 쉽게 이해할 수 있도록 풀어 놓았거든요.

이 책을 통해 미래의 친구가 될 로봇과 조금이나마 가까워질 수 있었으면 좋겠어요.

2008년 2월 황은주, 박은찬

과거에는 만화 영화나 SF 영화에서만 볼 수 있었던 로봇. 그러나 이제는 로봇이 우리 생활 속으로 성큼 들어와 있습니다.
「100가지 과학 1,000가지 상식 - 로봇」에서는 앞으로 우리의 삶의 질을 높이는데 중요한 역할을 하게 될 로봇에 대해 살펴봅니다.
이 책은 로봇의 정의, 로봇의 역사, 로봇의 종류 등등 로봇에 관해 어린이들이 궁금해할 만한 주제를 선정하고 어린이의 시각에 맞춰 쉽고 재미있게 볼 수 있도록 구성했습니다. 또한, 내용에 걸맞은 친근하고 재미있는 그림을 통해 어린이들에게 상상력을 길러주고, 그 속에 녹아있는 학습은 과학적 사고력을 자연스럽게 길러줍니다.
어린이들이 이 책을 통해 친구를 사귀듯 자연스레 과학과 친구하는 즐거움을 깨달을 수 있기를 바랍니다.

국립중앙과학관 관장 조청원

차 례

로봇의 선두주자
001. 신화에도 로봇이 등장한다고요? 14
002. 피노키오도 로봇이에요? 16
003. 로봇은 왜 만들어졌나요? 18
004. '로봇'이라는 말은 어떻게 생겨났나요? 20
005. 로봇의 3원칙이 뭐예요? 22
006. 다빈치가 최초의 로봇 박사였다고요? 24
007. 로봇이 언제부터 사람을 닮아 갔나요? 26
008. 초창기 자동 인형에는 어떤 게 있나요? 28
009. 일본이 우리보다 로봇을 먼저 만들었나요? 30
010. 발명왕 에디슨도 로봇을 만들었나요? 32
011. 처음으로 인간을 도와준 로봇은 뭐예요? 34
012. 사람처럼 걷는 로봇은 언제 개발됐나요? 36
013. 아빠 엄마도 로봇이랑 친구였나요? 38
014. 로봇이 먼저예요, 컴퓨터가 먼저예요? 40

헬로우, 로봇!
015. 로봇은 꼭 금속으로 만들어야 해요? 44
016. 어떻게 멀리서도 움직일 수 있어요? 46
017. 로봇도 밥을 먹어요? 48
018. 로봇은 천리 밖도 내다볼 수 있나요? 50
019. 로봇도 근육이 있나요? 52
020. 로봇도 사람처럼 체온을 유지해야 해요? 54
021. 로봇에게도 뇌가 있어요? 56
022. 로봇도 동생처럼 잘 돌봐 줘야 해요? 58
023. 로봇도 일을 한 뒤에는 푹 쉬어야 해요? 60
024. 로봇도 공부를 해야 똑똑해져요? 62

025. 로봇이 달걀을 집을 수 있나요? 64
026. 로봇도 상처가 생기면 피가 나요? 66
027. 로봇도 바이러스에 감염될 수 있나요? 68
028. 로봇의 생각을 어떻게 읽을 수 있나요? 70
029. 로봇도 고혈압이 생길 수 있나요? 72
030. 로봇을 소리로 움직일 수 있나요? 74

다양한 로봇 세상 엿보기

031. 애완견 로봇도 꼬리를 흔들어요? 78
032. 로봇이 우주 여행을 했다고요? 80
033. 타이타닉 호에 숨겨진 보물은 누가 찾나요? 82
034. 로봇이 인간을 대신할 수 있나요? 84
035. 로봇이 농사를 짓는다고요? 86
036. 숙제를 대신해 주는 로봇이 생겨요? 88
037. 엄마 아빠를 도와줄 로봇이 있나요? 90
038. 올림픽에 출전하는 로봇이 있다고요? 92
039. 주몽에게 군사용 로봇이 있었다면 어땠을까요? 94
040. 로봇이 노벨 의학상을 받을 수 있나요? 96
041. 내 몸속에도 로봇이 들어갈 수 있나요? 98
042. 고층 건물도 금방 지을 수 있어요? 100
043. 소행성의 충돌을 막는 로봇이 있나요? 102
044. 로봇 기자가 등장했다고요? 104
045. 연예인 로봇이 있다고요? 106
046. 몸이 불편한 사람을 로봇이 도울 수 있나요? 108
047. 로봇이 추운 남극에서 무슨 일을 해요? 110
048. 피아노 치는 로봇도 있나요? 112
049. 자전거를 타는 로봇이 있나요? 114

차 례

050. 운전하는 사람 없이 자동차가 달릴 수 있나요? 116
051. 로봇이 무너진 건물 속에서 사람을 찾았다고요? 118
052. 로봇 경찰한테 걸리면 꼼짝 못 한다고요? 120
053. 허수아비를 대신하는 로봇이 있나요? 122
054. 로봇이 동물의 진화 과정을 알려 준다고요? 124
055. 상어를 무서워하지 않는 물고기가 있다고요? 126
056. 표정이 다양한 로봇이 있다고요? 128
057. 스스로 에너지를 채우는 로봇이 있다고요? 130
058. 사람의 도움 없이 로봇끼리 살 수 있나요? 132
059. 숨바꼭질 대장인 로봇이 있다고요? 134

아기자기한 과학 이야기
060. 영화에 처음 출연한 로봇은 뭐예요? 138
061. 영화에 나오는 로봇은 진짜로 있나요? 140
062. 안드로이드를 소재로 한 영화가 있나요? 142
063. 로봇이 인간을 지배할지도 모른다고요? 144
064. 영화 'A.I.'에는 어떤 로봇이 나오나요? 146
065. 영화 '바이센테니얼 맨'에는 어떤 로봇이 나오나요? 148
066. 터미네이터가 우리를 구해 줄 수 있나요? 150
067. 영화 '아이, 로봇'에는 어떤 로봇이 나와요? 152
068. 양철로 만든 로봇이 나오는 영화가 있나요? 154
069. 우주 소년 아톰은 일본에 어떤 영향을 줬나요? 156
070. 태권 V는 태권도가 몇 단이에요? 158
071. 로봇도 변신할 수 있나요? 160
072. '스페이스 건담 V'를 실제로 만들 수 있나요? 162
073. 사랑에 빠진 로봇이 나오는 소설이 있다고요? 164
074. 로봇끼리도 K-1을 할 수 있어요? 166
075. 로봇끼리 싸움을 하면 누가 말리나요? 168

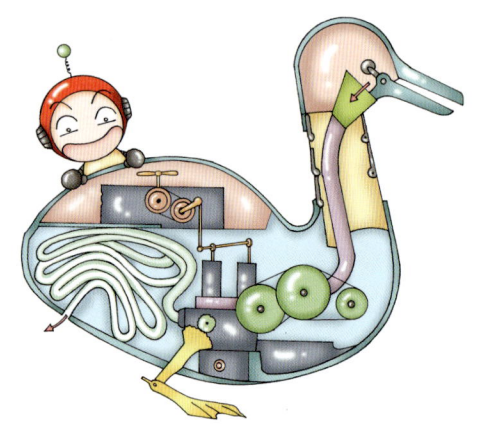

076. 체스 게임에서 로봇이 사람을 이겼다고요? 170
077. 로봇은 어떻게 미로 속에서 빠져나와요? 172
078. 로봇 축구 대회가 있나요? 174
079. 가위바위보를 하면 로봇이 이긴다고요? 176
080. 로봇 박사가 되려면 어떤 공부를 해야 해요? 178
081. 내 손으로 만들 수 있는 로봇이 있나요? 180
082. 나도 로봇처럼 강해질 수 있나요? 182
083. 어린이를 위한 로봇 체험관은 어디에 있나요? 184
084. 우리나라에 로봇 박물관이 있나요? 186
085. 한국 지능 로봇 경진 대회는 어떤 대회예요? 188

차세대 기계 산업의 꽃
086. 차세대 기계 산업의 꽃이 로봇이에요? 192
087. 안경을 쓴 나도 사이보그라고요? 194
088. 경비 로봇이 등장할 거라고요? 196
089. 로봇과 진지하게 대화를 할 수 있을까요? 198
090. 로봇은 무엇이든지 다 알아서 해 주나요? 200
091. 입는 로봇을 개발 중이라고요? 202
092. 나를 닮은 로봇이 있나요? 204
093. 곤충을 이용해 로봇을 만든다고요? 206
094. 로봇도 영혼이 있나요? 208
095. 로봇끼리 전쟁을 할 수 있나요? 210
096. 로봇을 보면 나라가 보인다고요? 212
097. 로봇이 에너지를 다 써버리면 어떻게 해요? 214
098. 다 같이 쓸 수 있는 로봇이 있나요? 216
099. 로봇도 생명체예요? 218
100. 로봇이 세상의 주인공인 시대가 올까요? 220

1장
로봇의 선두주자

1890년, 축음기를 발명한 에디슨은 축음기를 이용해
말하는 인형을 만들어야겠다는 생각을 했어요.
그래서 그는 당시 인형 산업이 앞서 있었던 유럽에 사람을
보내 인형에 관한 조사를 했고, 여러 인형의 제일 이상적인
부분을 모아 가장 인간에 가까운 모습을 한 인형을
만들려고 했지요. 그러기 위해 하루에 500개씩 일 년에
10만 개의 인형을 만들 수 있는 공장을 세웠답니다.

발명왕 에디슨도 로봇을 만들었나요? 중에서

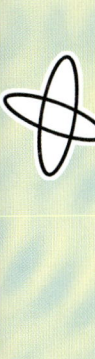

신화에도 로봇이 등장한다고요?

옛날부터 전해 오는 신화와 전설 속에는 신이 사람을 만들어 냈다는 이야기가 있어요. 특히 그리스 신화에 보면 신이 만들어 낸 사람에 대한 이야기가 많이 나오지요.

탈로스는 대장간의 신 헤파이스토스가 만든 인조인간이에요. 몸은 인간의 모습이지만 청동으로 만들어졌지요.

탈로스는 크레타 섬을 지키는 섬지기 노릇을 했는데, 섬 근처로 배가 가까이 오면 커다란 바위를 던져서 배를 부수었어요. 또 뜨겁게 달군 몸으로 사람들을 껴안아 죽이기도 했지요.

탈로스는 그리스 신화에 나오는 괴물로, 인간의 모습을 하고 있지만 청동으로 만들어진 크레타 섬의 섬지기였어요.

대장간의 신 헤파이스토스가 만들었지요.

난 천잰가 봐~

큭 큭

탈로스, 너는 인류 역사상 신이 만든 최초의 로봇이 될 거야.

　그런데 막강한 힘을 자랑하던 인조인간 탈로스에게는 약점이 하나 있었어요. 그것은 발뒤꿈치의 혈관이었지요. 탈로스는 머리에서 발뒤꿈치까지 하나의 혈관으로 돼 있는데다 발뒤꿈치가 청동 못으로 바닥에 고정돼 있었답니다.

　어느 날, 그리스의 영웅들이 타고 있던 아르고 호가 크레타 섬에 오게 됐어요. 탈로스는 아르고 호를 향해 커다란 바위를 던지려 했지요. 그런데 젊고 아름다운 마녀 메디아가 마법으로 탈로스를 최면 상태에 빠뜨렸어요. 그런 다음 발뒤꿈치에 고정돼 있던 못을 뽑아 버렸지요. 그러자 몸 안에 있던 납이 몽땅 빠져나와 탈로스는 생명을 잃고 말았답니다.

　고대 그리스 신화에도 인조인간 이야기가 있다는 게 신기하지요? 아마 요즘의 우리 시각에서 보면 탈로스는 섬을 지키는 경비 로봇쯤 될 거예요.

피노키오도 로봇이에요?

전 잣나무로 만들어진 나무 인형이지요. 하지만 스스로 생각하고 말도 하고 움직이기도 한답니다.

이탈리아의 콜로디가 지은 동화에 등장하는 피노키오는 소목장이 노인 제페트 할아버지가 잣나무 토막을 이용해 만든 작은 인형이에요. 겉으로 보기에는 인형극에 등장하는 실에 묶여 움직이는 목각 인형과 비슷하지만 스스로 생각하고 스스로 움직일 수 있다는 점에서 아주 특별한 인형이랍니다. 오늘날 우리가 접할 수 있는 로봇과도 비슷해요. 즉, 사람이 아니면서 사람처럼 행동하지요.

그렇다면 우리는 무엇을 '로봇'이라고 부를까요?

로봇은 인간처럼 움직일 수 있고, 인간과 비슷한 지능을 갖춘 기계라고 할 수 있어요. 그렇다고 꼭 로봇이 인간의 모습을 하고 있어야 하는 것은 아니에요. 인간의 모습을 하고 있지 않아도 인간과 비슷한 행동을 할 수 있다면 그것은 전부 로봇이라고 할 수 있지요.

그러나 이러한 로봇의 개념은 꼭 정해진 것은 아니에요. 왜냐하면 로봇의 의미는 상당히 광범위하고 시대에 따라 조금씩 그 의미도 변하고 있으니까요.

거짓말을 하면 코가 길어지기도 하지만

제페트 할아버지를 돕기도 해요.

힝~

에고, 흠칫해라......

꼬물 꼬물

로봇은 인간처럼 움직일 수 있는 운동 기능과 인간과 비슷한 지능을 종합적으로 갖춘 기계를 말해요.

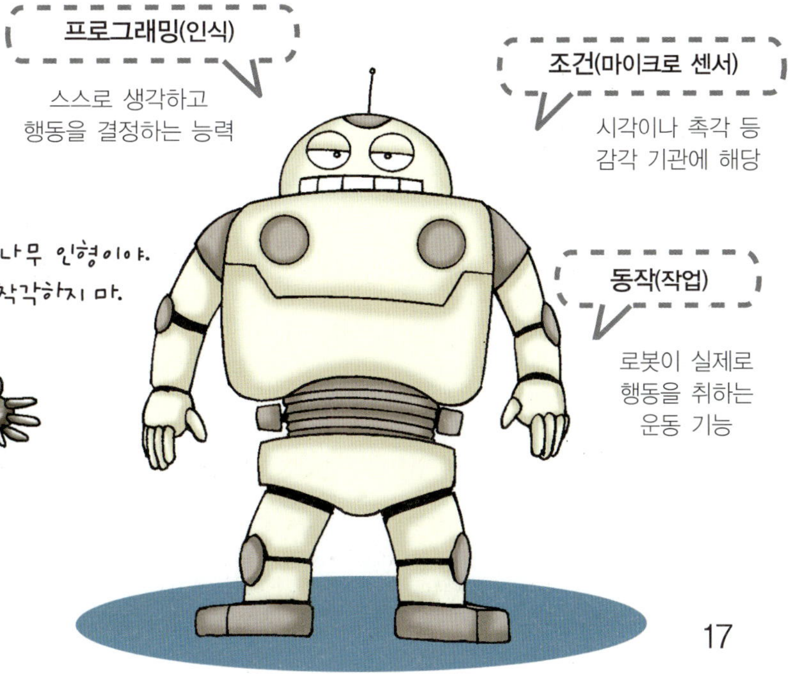

피노키오는 동화에 나오는 나무 인형이긴 하지만 요즘의 로봇과 흡사한 점이 많아요.

넌 나무 인형이야. 착각하지 마.

그럼 내가 로봇?

헷갈리네~.

프로그래밍(인식)
스스로 생각하고 행동을 결정하는 능력

조건(마이크로 센서)
시각이나 촉각 등 감각 기관에 해당

동작(작업)
로봇이 실제로 행동을 취하는 운동 기능

로봇은 왜 만들어졌나요?

그리스 신화에 나오는 이카로스는 신처럼 하늘을 날고 싶었어요. 그래서 유명한 발명가인 아버지 다이달로스에게 부탁을 했지요.

"하늘을 날 수 있게 날개를 만들어 주세요."

다이달로스는 아들 이카로스가 얼마나 하늘을 날고 싶어하는지 잘 알고 있었어요. 그래서 그 소원을 들어주기 위해 밀랍으로 날개를 만들었지요. 그 날개를 달고 이카로스는 태양을 향해 힘차게 날아올랐답니다.

그러나 이카로스에게 끔찍한 일이 벌어졌어요. 태양에 가까이 가면 갈수록 밀랍으로 만든 날개가 녹아 결국 땅으로 추락한 거예요.

　이카로스처럼 사람들은 자신이 가지지 못한 뛰어난 능력을 끊임없이 꿈꿨어요. 하늘을 날고 싶어하고, 땅속을 탐험해 보고 싶어하고, 죽지 않고 영원히 살고 싶어했지요. 마치 신처럼 행동하고 싶었던 거예요. 그래서 로봇을 만들게 된 것이지요.
　로봇을 만든 또 다른 이유는 인간이 해야 하는 힘들고 어려운 일을 대신할 무엇인가가 필요했기 때문이에요. 인간이 말하는 것은 무엇이든지 들어주는 하인과 같은 로봇이 힘들고 위험한 일을 대신해 줄 거라고 생각했지요.
　이처럼 인간을 대신할 무언가를 만들고 싶다는 인간의 꿈은 아주 오래전부터 있어 왔어요. 그래서 신화나 전설 속에 나오는 상상의 로봇이 자동 기계나 인형으로 만들어졌고, 오늘날에는 인간과 거의 흡사한 지능형 로봇으로까지 발전하게 된 것이지요.

'로봇'이라는 말은 어떻게 생겨났나요?

    1920년, 체코슬로바키아 출신의 극작가 카렐 차페크가 〈로섬의 만능 로봇〉이라는 희곡 작품을 발표해요. 〈로섬의 만능 로봇〉은 로봇이 연극의 주인공으로 나오는 첫 작품이면서 '로봇'이라는 말이 처음 등장하는 작품이랍니다.

    〈로섬의 만능 로봇〉의 내용은 다음과 같아요.

    무대의 막이 오르자 섬의 주인은 기뻐서 환호성을 질러요. 사람과 비슷한 기계인 로봇을 만들어 냈거든요. 로봇이 만들어지자 이제 공장에서는 사람 대신 사람을 닮은 로봇이 일을 하게 됐지요. 그동안 힘들고 어려웠던 사람들은 마냥 편하게 놀면서 평화로운 시간을 보내게 된답니다.

그런데 공장의 한 과학자가 로봇을 만드는 방법에 약간의 변화를 주면서 이상한 일이 생기게 돼요. 여지껏 아무것도 느끼지 못하던 로봇은 일을 하면 할수록 힘들다는 것을 느끼게 됐지요. 고통을 느끼면 느낄수록 로봇들은 화가 났어요. 자신들에게 모든 일을 맡겨 놓고 인간들은 편하게 지내니까요.

화가 난 로봇들은 인간들을 향해 공격을 퍼부었어요. 그래서 결국 섬에 있는 사람들은 딱 한 명만 빼고 모두 죽고 말았지요. 살아남은 한 사람은 알키스트라는 사람이었어요. 로봇들은 자기들도 죽어 가고 있었기 때문에 알키스트에게 개량된 로봇을 만들라고 했지요.

얼마간의 시간이 흐른 뒤, 알키스트는 남녀 한 쌍의 로봇을 만들 수 있었어요. 그리고 이들 남녀 로봇에게 '아담'과 '이브'라고 이름을 지어 줬지요.

"가거라, 아담과 이브. 세상은 너희들 것이다."

이 대사와 함께 연극은 막이 내린답니다.

로봇의 3원칙이 뭐예요?

1940년 겨울, 러시아 출신의 미국 공상 과학 작가 아이작 아시모프는 깊은 시름에 잠겼어요. 차페크의 작품 〈로섬의 만능 로봇〉에 나오는 것처럼 로봇이 인간을 공격할까 봐 걱정이 됐지요. 로봇의 기술은 날로 발전하고 있었고, 그렇게 되면 언젠가 로봇이 인간을 넘어설 정도로 발전해 인간이 지배당할지 모르니까요.

로봇의 3원칙은 SF 작가 아이작 아시모프가 쓴 'I ROBOT'이란 단편 소설에서 언급되는 원칙이에요.

이 원칙의 중요한 점은 로봇은 사람을 절대적으로 보호해야 한다는 것이랍니다.

제 1 원칙

로봇은 인간에게 해를 끼쳐서는 안 되며 위험에 처해 있는 인간을 도와줘야 한다.

제 2 원칙

로봇은 인간의 명령에 반드시 복종해야 한다. 단, 제1원칙에 거스를 경우는 예외다.

제 3 원칙

로봇은 자기 자신을 보호해야 한다. 단, 제1원칙과 제2원칙에 거스를 경우는 예외다.

이 원칙은 언젠가 일어날지도 모르는 일을 막기 위해 만든 로봇의 행동 원칙인 셈이지요.

    그런데 아시모프는 이 3원칙만으로는 인간을 보호하기에 충분하지 못하다고 생각했어요. 가령, 로봇이 인간 하나하나에게 해를 끼치는 일은 생기지 않더라도, 인류 전체에 해가 되는 일을 하게 될 수도 있으니까요. 그래서 아시모프는 또 하나의 법칙을 만들었지요. 그것은 '로봇은 인류에 해를 끼치지 않으며 인류가 위험하도록 방관하지 않는다.' 라는 것으로, 이것을 제0원칙으로 삼았답니다.

다빈치가 최초의 로봇 박사였다고요?

아름다운 여인의 은은한 미소가 돋보이는 '모나리자'. 이 명화를 그린 사람은 르네상스 시대를 대표하는 최고의 화가 레오나르도 다빈치예요.

다빈치는 최고의 화가지만 그림만 그린 것은 아니었어요. 그는 허리띠에 작은 공책을 달고 다니면서 자신의 생각과 경험을 적어 놓고는 했는데, 그 공책에는 오늘날 비행 로봇의 기초가 된 인공 날개에 대한 설계도 있었지요.

'육중한 독수리가 높디높은 하늘을 날기 위해 공기를 가로지르며 어떻게 날개를 퍼덕이는지 보라. 그렇다면 인간도 충분히 커다란 날개를 장착하여, 바람의 저항을 극복하고, 날개를 마음대로 조종해서 자신의 몸을 띄우는 방법을 배울 수 있을지 모른다.'

이러한 생각을 갖고 있었던 레오나르도 다빈치는 사람도 날 수 있

다는 자신의 생각을 실천하기 위해 두 가지 방법을 연구했어요.

　레오나르도 다빈치의 기발한 생각은 인공 날개에서 멈추지 않았어요. 인체의 구조를 똑같이 만들면 사람처럼 움직이는 기계를 만들 수 있을 거라고 생각했지요. 그래서 그는 인체의 세밀한 부분을 연구해 인체 비율 황금 분할도(비트루비우스의 인체 비례)를 만들기도 했어요. 실제로 이러한 레오나르도 다빈치의 아이디어는 훗날 미국 항공 우주국에서 휴머노이드를 만들어 내는 데 기본이 되기도 했지요.

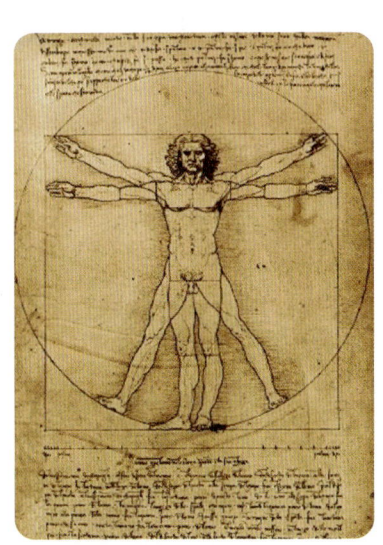

◐ 인체 비율 황금 분할도

　이런 사실을 종합해 보면, 레오나르도 다빈치를 '인류 역사상 최초의 로봇 박사'라고 할 수 있을 거예요.

로봇이 언제부터 사람을 닮아 갔나요?

1635년, 데카르트의 딸 프랑신이 다섯 살이라는 어린 나이로 죽고 말았어요. 데카르트는 딸을 잃은 슬픔을 견뎌 내기 힘들었지요.

'산 사람과 죽은 사람의 차이라는 게 결국은 멀쩡한 시계와 고장 난 시계, 그 차이 밖에 없는 거야.'

이런 생각을 한 데카르트는 자신의 딸 프랑신을 닮은 실물 크기의 자동 인형을 만들었어요. 이 인형은 시계 태엽과 금속 조각으로 만들어졌는데, 실제로 데카르트의 딸 프랑신을 꼭 빼닮았지요. 데카르트는 자신의 딸을 닮은 자동 인형을 진짜 딸처럼 사랑하며 여행길마다 데리고 다녔답니다.

겉보기에 사람과 똑같아 보이는 로봇을 '안드로이드(Android)'라고

해요. 안드로이드는 그리스어에서 유래된 용어인데 '인간을 닮은 것'이라는 뜻을 갖고 있지요. 그래서 안드로이드를 '인조인간'이라고도 한답니다.

이렇듯 사람을 닮은 로봇을 만들게 된 것은 첫째는 사람과 같은 노동력을 얻기 위해서이고, 둘째는 데카르트가 자신의 딸을 닮은 안드로이드를 만든 것처럼 즐거움을 얻기 위해서예요.

안드로이드와 비슷한 말인 '휴머노이드(Humanoid)'는 로봇이나 인조인간을 말하는 것이 아니라 외모가 인간처럼 생겼다는 것을 의미하는 말이예요. 로봇뿐만 아니라 사람처럼 생긴 외계인도 휴머노이드에 속하지요.

> 똑같애, 똑같애.

> 내가 딸을 잃은 슬픔에 만든 이 자동 인형이 바로 사람을 닮은 로봇 중에 가장 처음 만들어졌을 거예요.

> 안드로이드와 휴머노이드는 인간을 닮았다는 뜻을 가진 점에서는 비슷하지만 정확한 의미는 조금 달라요.

안드로이드

① 인조인간
② 인간과 외형 및 생체적 기능이 똑같도록 창조된 피조물. 주로 분자 생물학적 방법으로 만들어진다. (영화 '제5원소')

휴머노이드

① 기계인간
② 기계 및 전자 부품으로 인간과 비슷하게 만들어진 피조물. (영화 '터미네이터')

초창기 자동 인형에는 어떤 게 있나요?

선풍기에서 발생한 공기가 인형의 혀와 입을 지나 악기의 주둥이로 들어가 소리를 냈어요.

또한 인형의 손가락이 움직이면서 원통을 조종하여 멜로디를 만들어 낸 것이랍니다.

무려 12곡 이나 연주했다는.

○ 자크 드 보캉송이 만든 플루트를 연주하는 자동 인형

1738년, 파리 중심가의 한 호텔에 사람들이 모여 있었어요. 그곳에서는 멋진 플루트 연주가 진행되고 있었는데, 연주를 하는 것은 사람이 아니었지요. 나무로 만든 높이 1.7m의 인형이 연주를 하고 있었답니다.

자크 드 보캉송의 발명은 계속됐어요.

1739년, 프랑스 루이 15세의 궁궐 호숫가에 오리가 날개를 퍼덕거리며 목을 빼 물과 먹이를 먹고 있었어요. 그런데 이 오리는 실제 오리가 아니었지요. 자크 드 보캉송의 발명품이었답니다.

그러나 보캉송에게도 고민은 있었어요. 기계 오리가 한번 고장 나

면 쉽게 고칠 수 없었거든요. 오리의 날갯죽지 하나가 400개 이상의 부품으로 연결돼 있었기 때문에 하나라도 고장이 나면 그것을 고치는 데 오랜 시간이 걸렸지요. 또 기계 오리가 소화하고 배출해 냈던 물질이 미리 준비해 둔 빵 부스러기였다는 것이 드러나 사람들의 비난을 받기도 했답니다.

비록 지금 우리는 보캉송이 만들었던 플루트를 연주하는 자동 인형이나 기계 오리는 볼 수 없지만, 이것들이 있었기 때문에 오늘날의 로봇이 만들어질 수 있었던 거예요.

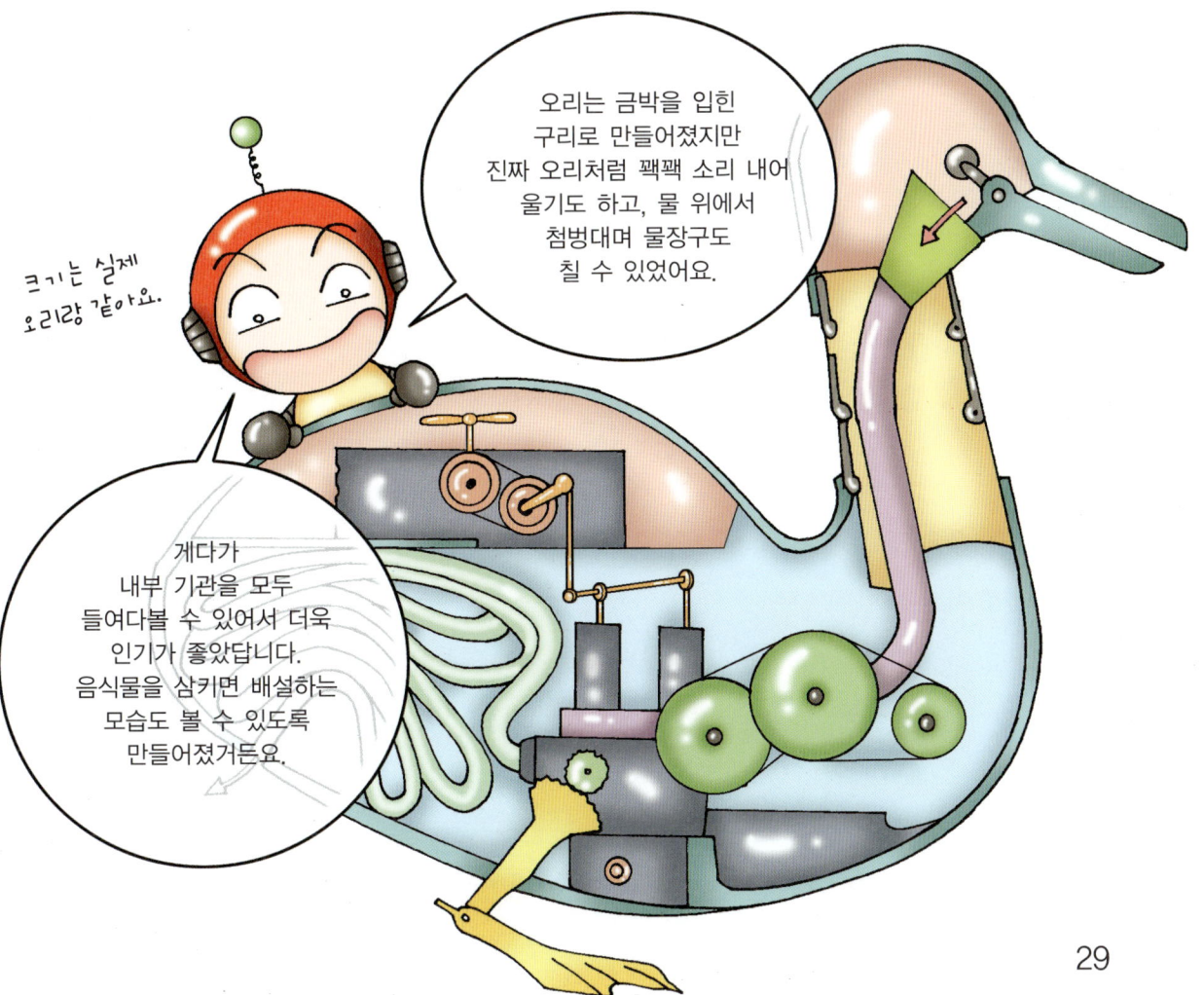

일본이 우리보다 로봇을 먼저 만들었나요?

◐ 유니메이트 (유니메이션 사)
최초의 산업용 로봇

　지금 우리의 로봇 산업이 세계적인 수준이지만 아직 일본을 넘어서진 못했어요.

　일본은 우리보다 로봇을 먼저 만들기 시작했지요. 미국의 유니메이션 사에서 산업용 로봇을 만들었을 때 많은 관심을 보이던 일본은 1967년에 유니메이션 사의 산업용 로봇을 수입하면서 본격적으로 로봇 산업을 시작했답니다.

　그러나 일본의 로봇 산업은 이미 더 옛날에 시작됐다고 할 수 있어

◐ 차 나르는 인형
일본의 다다미 한 장
(약 170cm)을 왕복할
수 있게 만들어짐.

요. 에도 시대(1603~1867년) 중기에 유럽의 자동 인형을 본떠 만들기 시작했거든요. 그 대표적인 게 '카라쿠리'라고 불리는 '차 나르는 인형'이지요.

또 다른 자동 기계는 메이지 시대(1867~1912년)에 만들어진 '활 쏘는 소년'이에요. 활 쏘는 소년은 태엽으로 작동되는 것이지만 네 발의 화살을 연속으로 쏘아 몇 m를 날려 보낼 수 있었지요.

이러한 것들이 바탕이 돼 오늘날 일본의 로봇 산업이 세계적인 수준에 이를 수 있었어요.

발명왕 에디슨도 로봇을 만들었나요?

에디슨의 이름 앞에 '발명왕'이라는 별칭이 붙은 것은 그가 세계에서 가장 많은 것을 만든 발명가이기 때문이에요. 에디슨은 1,000개 이상의 발명품에 대한 특허를 얻어 냈을 뿐만 아니라 평생 동안 무언가를 발명해 냈지요.

그런데 무엇이든지 만들고 싶어하던 에디슨이 로봇에 대한 관심이 없었다면 그것은 말이 안 되겠지요?

1890년, 축음기를 발명한 에디슨은 축음기를 이용해 말하는 인형을 만들어야겠다는 생각을 했어요. 그래서 그는 당시 인형 산업이 앞서 있었던 유럽에 사람을 보내 인형에 관한 조사를 했고, 여러 인형의 제일 이상적인 부분을 모아 가장 인간에 가까운 모습을 한 인형을 만들려고 했지요. 그러기 위해 하루에 500개씩 일 년에 10만 개의 인형을 만들 수 있는 공장을 세웠답니다.

휴대용 축음기

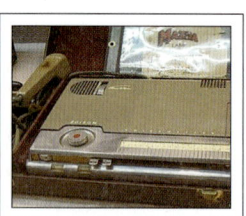
녹음기

전화기

난로

🔵 에디슨의 발명품들

⬆ 에디슨의 말하는 인형 '이브'

인형을 만들기 위한 작업은 매우 엄격한 것이었어요. 강철판과 철제 기계를 이용해 인형의 몸을 찍어 내고 납땜을 했지요. 그리고 인형의 몸속에 소형 축음기를 집어 넣었어요. 이렇게 만들어진 인형이 바로 55cm의 키에 무게 2kg의 '이브'예요.

그런데 말하는 인형 이브는 금방 자취를 감췄어요. 왜냐하면 이브의 결함이 자꾸 드러났고, 튼튼한 갑옷을 걸친 남자 같은 금속 몸체로 돼 있어서 아이들에게 인기가 없었거든요. 더군다나 이 인형의 가격은 10달러로, 당시 보통 노동자의 1주일치 임금보다 높았기 때문에 많은 사람들이 쉽게 접할 수 없었지요.

비록 에디슨의 이브는 실패한 로봇이었지만 훗날 매사추세츠공과대학(MIT)에서 만들어 낸 로봇 '키스멧'의 기본이 됐어요. 그러니까 에디슨의 노력이 헛된 것만은 아니었지요.

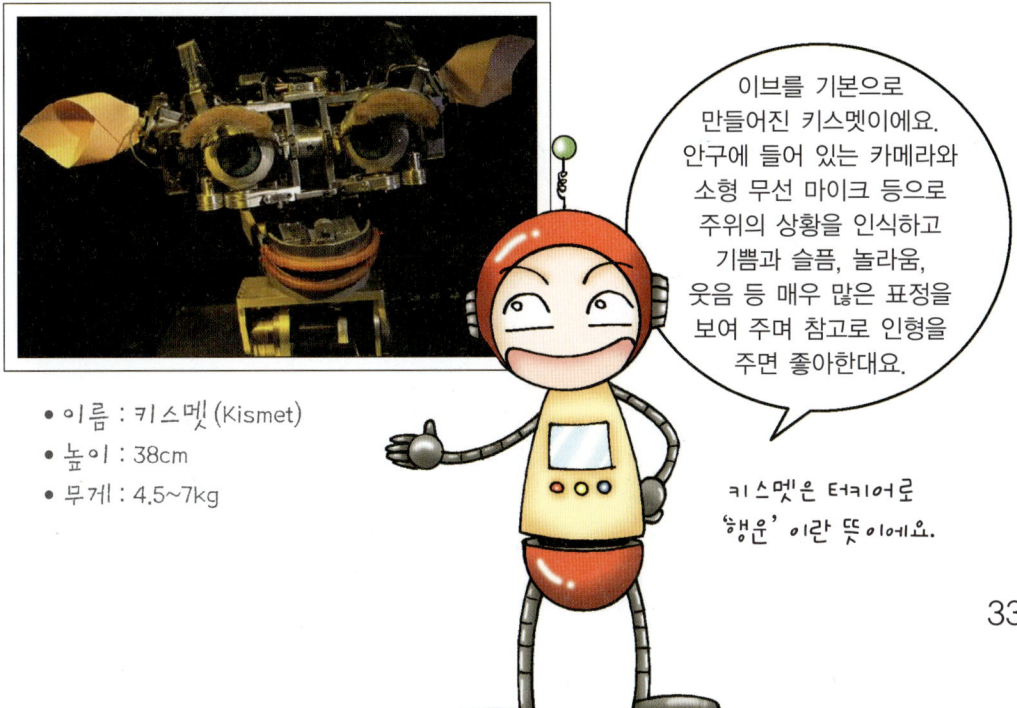

- 이름 : 키스멧(Kismet)
- 높이 : 38cm
- 무게 : 4.5~7kg

이브를 기본으로 만들어진 키스멧이에요. 안구에 들어 있는 카메라와 소형 무선 마이크 등으로 주위의 상황을 인식하고 기쁨과 슬픔, 놀라움, 웃음 등 매우 많은 표정을 보여 주며 참고로 인형을 주면 좋아한대요.

키스멧은 터키어로 '행운'이란 뜻이에요.

처음으로 인간을 도와준 로봇은 뭐예요?

인간이 로봇을 만든 이유 중에 하나가 인간이 하기 힘든 일을 로봇이 대신했으면 하는 바람 때문이었어요. 그런 이유 때문에 만들어진 로봇이 바로 산업용 로봇이지요.

산업용 로봇이 최초로 만들어진 것은 1961년 조셉 엥겔버거 박사에 의해서예요. 조셉 엥겔버거 박사는 컬럼비아대학을 다닐 때 아이작 아시모프의 과학 소설에 매료돼 세계 최초의 산업용 로봇인 '유니메이트'를 개발했지요.

◐ 최초의 유니메이트

산업용 로봇은 공장에서 사람 대신 일을 하는 로봇입니다. 사람을 대신해 위험한 일을 해 줄 무언가가 필요했지요.

그래서 만든 게 일명 로봇 팔, 유니메이트~

◐ 조셉 엥겔버거

◐ 현재의 산업용 로봇 팔

◆ 자동차를 조립 중인 로봇 팔들

유니메이트는 자동으로 작동되는 로봇 팔이었어요. 이 로봇은 세계 최대의 자동차 회사인 제너럴 모터스(GM)의 생산 공장에 투입돼 일을 했지요. 주물로 된 무거운 부품을 옮기거나 용접과 조립 작업처럼 인간이 하기 어려운 위험한 일들을 대신했답니다.

그런데 이 산업용 로봇이 인간의 일을 대신하기는 했지만, 정작 노동자들은 이 로봇을 반대했어요. 당시 제너럴 모터스의 노동자들은 로봇에게 모든 일자리를 빼앗길까 봐 걱정했지요. 그만큼 산업용 로봇 유니메이트의 역할이 컸던 거예요.

그러나 산업용 로봇에 대한 관심을 막을 수는 없었어요. 제너럴 모터스는 산업용 로봇 대수를 서서히 늘려 갔지요.

사람처럼 걷는 로봇은 언제 개발됐나요?

초창기의 움직이는 로봇들은 모두 바퀴를 달고 움직였어요.

차 나르는 인형 등등.

◐ 일본의 차 나르는 인형

　동그란 바퀴는 인류 최대의 발명품 중 하나예요. 바퀴가 있었기 때문에 무거운 물건을 쉽게 옮길 수 있었지요.
　초기의 로봇들도 바퀴로 움직이는 것이 많았어요. 하지만 언제까지 첨단 기술을 자랑하는 로봇이 바퀴로 움직일 수는 없는 일이었지요. 이렇게 해서 만들어진 것이 두 다리로 걷는 로봇이랍니다.
　1973년, 일본 와세다대학의 이치로 가토 교수가 세계 최초로 사람 크기의 휴머노이드 로봇을 개발했어요. 그 로봇의 이름은 와봇(WABOT)-1호예요.
　와봇 1호는 손끝과 같은 역할을 담당하는 촉각 센서들을 사용해 손으로 물체를 잡아 전달할 수도 있었지요. 또한 사람처럼 두 다리로 걸을 수 있다는 점에서 사람들의 주목을 받았어요.

우리나라에서도 와봇과 같은 로봇이 만들어졌는데요. 2004년 12월 카이스트의 오준호 교수는 두 발로 자유롭게 걷는 로봇인 휴보(Hubo)를 만들었어요. 휴보는 휴머노이드(Humanoid)와 로봇(Robot)의 합성어로써 우리나라에서 최초로 만들어진 휴머노이드 로봇이에요. 키 120㎝, 몸무게 55㎏의 휴보는 41개의 모터를 갖고 있어 몸을 자유롭게 움직일 수 있을 뿐만 아니라, 다섯 개의 손가락이 따로 움직여 가위바위보도 할 수 있어요.

2005년에는 위대한 과학자 알버트 아인슈타인의 얼굴을 가진 알버트 휴보로 발전하기도 했어요. 알버트 휴보는 키 137㎝, 몸무게 57㎏에 66개의 관절을 갖고 있어서 걷는 것은 물론이고 계단도 오를 수 있어요. 뿐만 아니라 상대방의 얼굴을 바라보며 대화를 할 수도 있고, 30여 개의 얼굴 근육을 움직여 웃거나 찡그린 표정도 지을 수 있답니다.

◐ 와봇 1호 (1973년)
세계 최초의 사람크기 휴머노이드 로봇

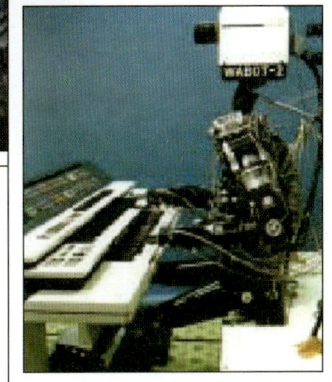
와봇 2호 ◐
(1974년)

◐ 휴보

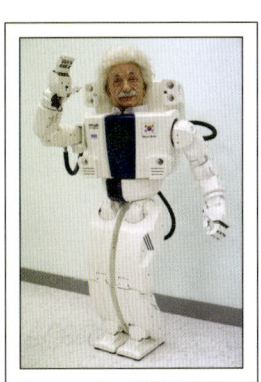
◐ 알버트 휴보

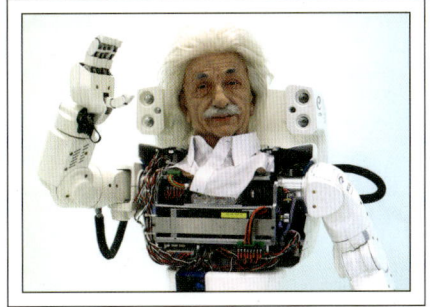
◐ 내부가 공개된 알버트 휴보의 모습

아빠 엄마도 로봇이랑 친구였나요?

지금은 워낙 많은 로봇 만화들이 있지만 1970년대에는 일본의 TV 만화 시리즈 우주소년 아톰과 마징가 Z, 그리고 우리나라의 로보트 태권 V가 있었어요.

달려라, 달려~ 로보트야~

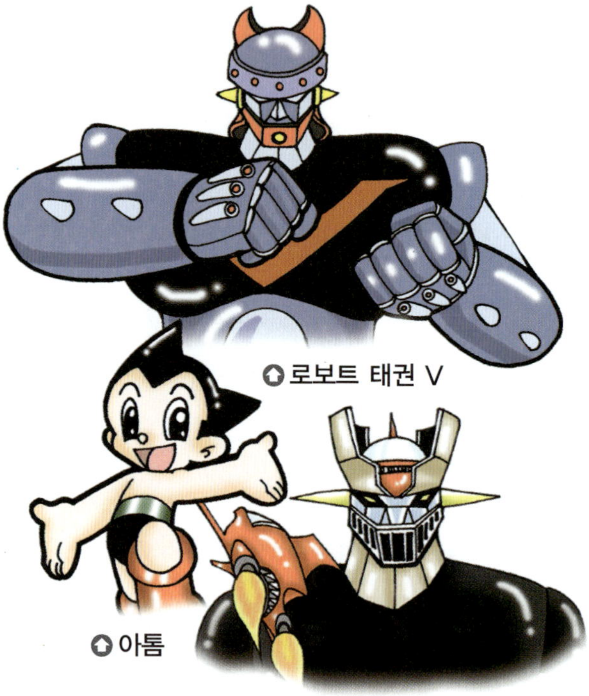

◑ 로보트 태권 V

◑ 아톰

◑ 마징가 Z

아톰과 마징가 Z는 우리 아빠 엄마가 처음 접한 로봇이에요. 그러다가 1976년에 만화 영화 '로보트 태권 V'에서 우리가 만든 로봇을 접할 수 있었지요. 물론 진짜 로봇은 아니었지만요.

그러나 우리나라에 로봇에 대한 이야기가 시작된 것은 훨씬 전이에요. 춘원 이광수는 1923년에 일본어판으로 된 차페크의 희곡 작품 〈로섬의 만능 로봇〉을 읽고 어떻게 사람의 손으로 만들어진 기계가

38

○ 우리나라의 4족 보행
로봇 센토 (1999년)

센토는 그리스 로마 신화에 나오는 반인반마 켄타우루스의 영어 이름이에요.

머리는 사람, 몸은 말.

사람을 멸망시킬 수 있는 가에 대해서 많은 생각을 하게 됐어요. 그래서 〈롯삼이 발명한 유니버어살 로보트〉라는 제목으로 차페크의 작품을 번역했지요.

우리나라에서 로봇이 생산 현장에 본격적으로 투입된 것은 1987년의 일이에요. 이때의 로봇은 요즘 같은 로봇이 아니라 자동화된 기계와 같은 것이었지요. 그 뒤 자동차, 전자 분야에서 꽤 이름난 대기업들이 산업용 로봇 개발에 매달리기는 했지만 우리나라의 로봇 산업은 그리 크게 성장하지 못했답니다.

그러다가 로봇 산업이 차세대 고부가가치산업으로 인정받으면서 로봇 연구에 대한 사람들의 관심이 높아졌어요. 이게 밑거름이 돼 1999년에는 우리나라에서 최초로 인간을 닮은 4족 보행 로봇인 '센토'가 개발됐고, 오늘날 우리나라 로봇 산업은 공업용 로봇 기술이 세계 4위일 정도로 대단히 발전했지요.

이처럼 로봇 산업은 2000년부터 매년 10%씩의 고도 성장을 거듭하게 됐고, 또한 2020년쯤에는 시장 규모가 1조 4,000억 달러로 생명 공학 산업을 추월할 것으로 예상하고 있답니다.

로봇이 먼저예요, 컴퓨터가 먼저예요?

　1946년 2월 펜실베이니아대학에 미 국방부 관계자들과 여러 보도진들이 모여들었어요. 이 자리에서 펜실베이니아대학의 모클리와 에커트는 3년 동안 밤낮으로 연구해 만든 발명품을 많은 사람들 앞에 선보였답니다.

　한 연구원이 전원 스위치를 올리자 1만 8,000개의 진공관이 일제히 깜빡이며 연산 작업을 수행하기 시작했어요. 잠깐의 시간이 흐르고 발명품이 '9만 7,367의 5,000승($97,367^{5000}$)'을 계산해 내자 참석자들은 모두 일어서서 기립 박수를 쳤지요. 이 발명품이 바로 세계 최초로

현대 컴퓨터의 기원은 1946년에 완성된 최초의 대형 전자식 디지털 컴퓨터인 에니악이에요. 하지만 지금의 개인용 PC보다는 훨씬 큰, 길이 30m에 무게가 30t(톤)이나 되는 대형 컴퓨터였답니다.

또한 수만 개의 진공관이 많은 열을 발생시켰기 때문에 에어컨을 켜 놓아야 했지요.

◐ 에니악 내부 진공관의 모습

compute ➡ 동사 (계산하다)
computer ➡ 명사 (계산하는 사람)

만들어진 컴퓨터 에니악이랍니다.

원래 에니악은 군사적 목적으로 만들어진 전자 계산기였어요. 전쟁을 치루면서 대포나 미사일을 발사할 때 탄도 하나를 계산하려면 아주 오랜 시간이 필요했기 때문에 군인들에게 있어서 정확한 계산기는 꼭 필요했으니까요.

에니악의 발명은 오늘날과 같은 컴퓨터 발달의 시작이었으며, 로봇의 발달에 밑거름이 됐어요. 로봇은 컴퓨터 시스템의 집단이라고 할 수 있으니까요. 즉, 로봇의 기본은 컴퓨터라고 할 수 있어요.

컴퓨터는 사람들이 입력해 주는 정보만을 이해하지만, 로봇은 사람들이 입력해 놓은 정보를 스스로 이해해 활용할 수 있어요. 그러니까 로봇의 바탕은 컴퓨터이지만, 로봇은 컴퓨터보다 월등한 능력을 가졌다고 할 수 있지요.

2장
헬로우, 로봇!

로봇이 달걀을 집으려면 손가락의 마찰이 있어야
하는데, 힘을 너무 많이 주면 달걀이 깨지고 힘을 너무
조금 주면 달걀이 떨어져요. 이 때문에 손가락으로 달걀을
집을 수 있는 로봇을 만들려면 아주 정밀한 기술이 필요하지요.
이러한 기술은 전자 공학이나 기계 공학 쪽에서 많이
연구하는데, 신호를 이용해 모터나 기타 부품 등을
제어하는 것을 말한답니다.

로봇이 달걀을 집을 수 있나요? 중에서

015

로봇은 꼭 금속으로 만들어야 해요?

우리가 만화 영화에서 많이 보는 로봇은 모두 딱딱한 철로 만들어져 있어요. 이런 로봇들은 대부분 악당과 맞서서 힘차게 싸워야 하기 때문에 철이라는 강력한 재질로 만들어졌던 거예요.

그러나 로봇이 꼭 철로만 만들어지는 것은 아니에요. 무시무시한 무기를 가지고 치열한 전투를 하는 배틀 로봇은 철보다 훨씬 가벼운 두랄미늄을 사용해 만들어요. 알루미늄 합금인 두랄미늄은 가벼우면서도 강한 성질을 갖고 있기 때문에 배틀 로봇을 만드는 데 적합하지요. 그리고 우리 실생활에서 쓰이는 로봇은 금속으로만 만들지는 않아요. 무게에 구애 받지 않는 로봇은 무겁고 튼튼한 철로 만들어도 상

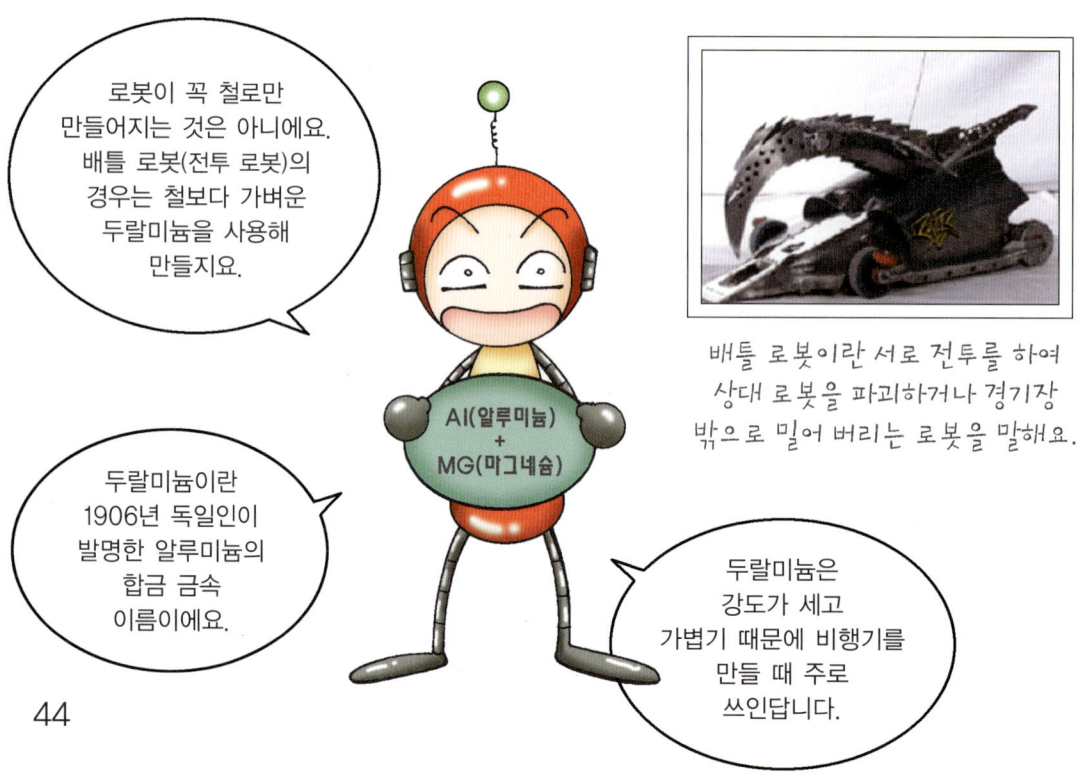

배틀 로봇이란 서로 전투를 하여 상대 로봇을 파괴하거나 경기장 밖으로 밀어 버리는 로봇을 말해요.

로봇이 꼭 철로만 만들어지는 것은 아니에요. 배틀 로봇(전투 로봇)의 경우는 철보다 가벼운 두랄미늄을 사용해 만들지요.

두랄미늄이란 1906년 독일인이 발명한 알루미늄의 합금 금속 이름이에요.

두랄미늄은 강도가 세고 가볍기 때문에 비행기를 만들 때 주로 쓰인답니다.

애완용 강아지 ◐
로봇 제니보

우리를 철로 만든다면 너무나 무거워 쉽게 안아 주지도 못하고, 무거운 몸을 움직이기 위해서 더욱 강한 모터를 사용해야 되므로 전력 소비도 많이 들 거예요.

◐ 청소용 로봇

우리는 집 안 곳곳을 돌아다니며 먼지를 빨아들여야 하는 청소 로봇이므로 가벼워야 쉽게 움직일 수 있지요.

관이 없지만 가벼움을 요구하는 로봇은 플라스틱이나 심지어 나무로도 만들 수 있지요. 또한 우리 몸속에 들어가서 내장을 치료하는 로봇도 철로 만들어서는 안 돼요. 왜냐하면 철은 물에 닿으면 녹이 슬게 되는데, 철로 만든 로봇이 몸속으로 들어가면 파상풍의 원인이 되는 균이 생길 수 있으니까요. 이럴 경우, 로봇은 몸에 들어가도 해롭지 않은 특수한 재질로 만들어야 하지요.

이렇듯 로봇은 어디에 어떻게 쓸 것인가에 따라 그에 적합한 재료를 사용해요.

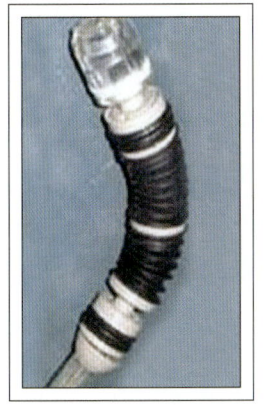

이 로봇은 사람 몸속에 들어가 장기를 촬영해요. 약 2.5cm의 초소형으로 몸을 접었다 폈다하여 움직이는 게 지렁이와 비슷하지요.

◐ 대장 내시경 로봇

어떻게 멀리서도 움직일 수 있어요?

날카로운 칼과, 뾰족한 삼지창을 들고 상대방을 노려보듯 서 있는 배틀 로봇. 배틀 로봇이 상대방을 향해 공격을 해 나가려고 하는데, 안타깝게도 조정하는 선이 너무 짧아서 상대방한테까지 가지를 못 하네요.

어때요, 이런 모습을 상상해 보면 배틀 로봇의 경기가 하나도 재미없겠지요? 배틀 로봇을 선으로 연결해서 조정하면 로봇이 마음대로 움직일 수 없어요. 그래서 무선으로 조정할 수 있는 원격 조정이라는 게 필요한 거예요.

원격 조정을 위해서는 전자파를 이용한 무선 통신이 필요한데 무작

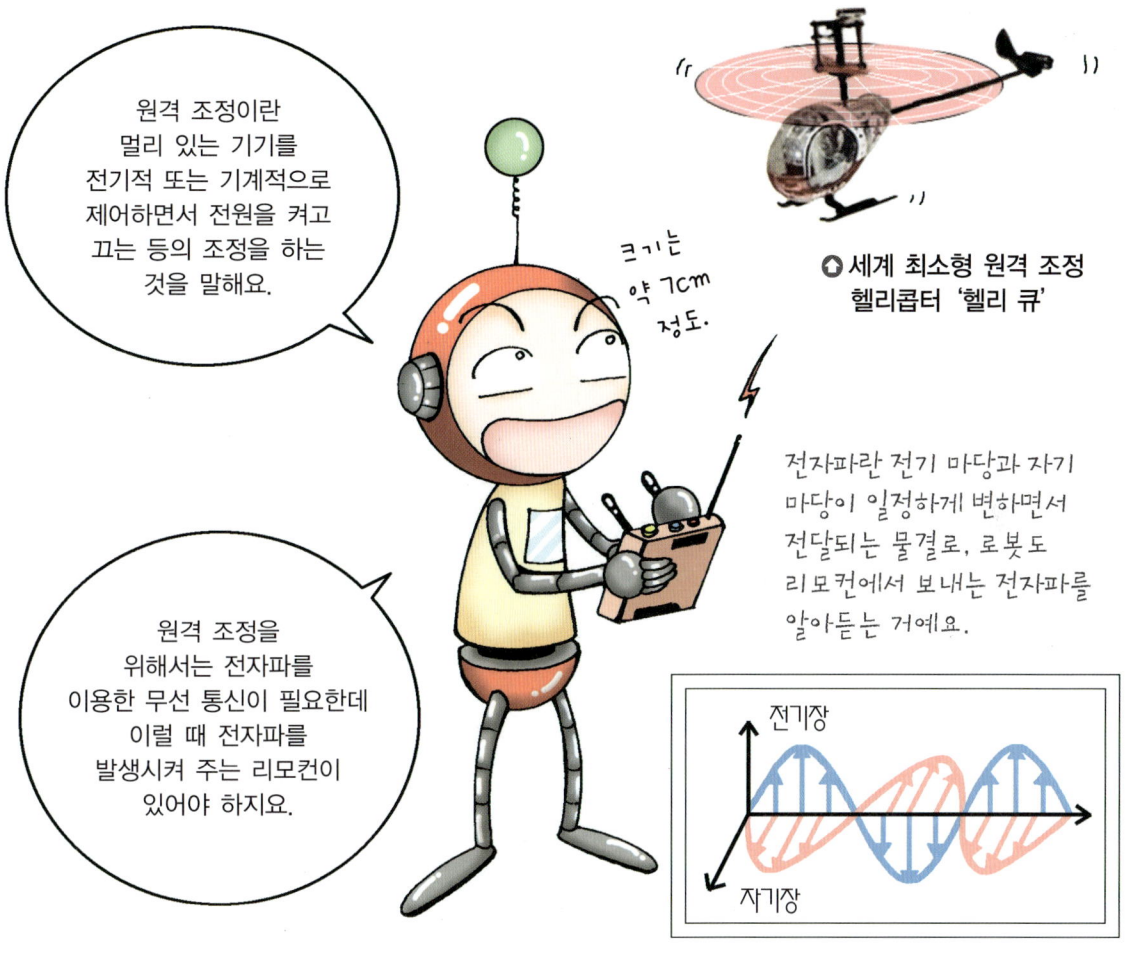

◎ 세계 최소형 원격 조정 헬리콥터 '헬리 큐'

위로 전자파를 보내면 안 돼요. 우리나라 말을 우리나라 사람이 잘 알아듣듯이 무선 통신에서 보내는 전자파도 어떤 말을 할지 미리 정해 놓고 통신을 해야 해요.

예를 들어, 음악 시간에 선생님이 친구들에게 캐스터네츠를 1초에 두 번 치면 앞으로 가고 1초에 한 번 치면 뒤로 가라고 미리 약속을 해 놓으면, 선생님이 치는 캐스터네츠 소리에 따라서 친구들이 행동을 하게 돼요. 로봇도 마찬가지지요. 전자파를 어떻게 보내느냐에 따라서 로봇을 자유자재로 움직일 수 있는 거예요.

로봇도 밥을 먹어요?

모터는 전기에너지를 운동에너지로 전환시키는 에너지 변환 장치로 이해할 수 있어요.

서브 모터를 사용하여 사람처럼 관절이 있는 로봇도 만들 수 있답니다.

일반 모터와는 약간 달라요~.

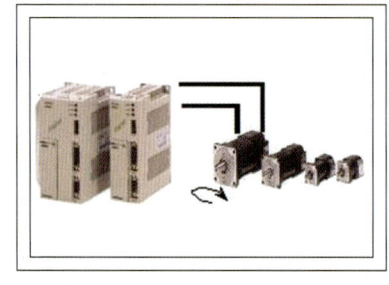

⊙ 서브 모터
로봇의 동작에 쓰임.

⊙ 아이소봇
전신을 소형 모터 17개로 움직임.

사람은 밥을 먹어야 힘을 내서 움직일 수 있고, 장난감은 건전지가 있어야 움직일 수 있어요. 이처럼 세상의 모든 것은 에너지가 있어야 활동할 수 있지요. 로봇도 마찬가지예요. 에너지가 있어야 힘차게 움

48

직일 수 있지요.

　대부분의 로봇들은 모터를 이용해 에너지를 얻어요. 모터는 전기를 필요로 하기 때문에 전기에너지가 필요하지요. 전기에너지에는 우리가 흔히 쓰는 전지나 집에서 쓰는 전원 등이 있어요.

　그렇다고 로봇에게 콘센트를 끼워서 전기를 공급해 줄 수는 없어요. 그렇게 하면 로봇이 자유롭게 움직일 수 없기 때문이지요. 그래서 성능이 좋은 전지를 써야 한답니다.

　전지의 종류는 아주 많고 다양하지만 로봇이 쓸 수 있는 전지는 몇 개 되지 않아요. TV 리모컨 같은 곳에 쓰는 일반 전지로는 배틀 로봇의 무기를 1초도 돌릴 수 없거든요.

　이밖에 화성 탐사 로봇은 태양열 발전을 이용해 에너지를 얻어요. 에너지를 얻어 전지에 충전한 뒤 다시 꺼내 쓰지요.

배틀 로봇이나 휴머노이드 로봇에 쓰이는 전지는 납축전지나 리튬폴리머, 리튬카드뮴 같이 힘세고 오래가는 전지예요.

축전지란 전기에너지를 화학에너지로 바꾸어 모아 두었다가 필요한 때에 전기로 재생하는 장치를 말해요.

◐ **리튬폴리머전지**
외부 전원을 이용해 충전해서 반영구적으로 사용하는 건전지이다.

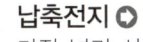

납축전지 ◑
가장 널리 사용되며 방전된 뒤에는 충전하여 사용한다.

리튬이온전지 ◑
보통 휴대 전화 배터리에 많이 쓰인다.

로봇은 천 리 밖도 내다볼 수 있나요?

우리 몸에 눈이 있어 모든 것을 볼 수 있는 것처럼 인간을 닮은 로봇에게도 눈이 있어요. 그런데 인간의 눈과는 달리 로봇의 눈은 점차 발전하고 있지요.

로봇의 눈에는 센서가 있어요. 센서란, 인간처럼 맛보고 만지고 냄새를 맡거나 보고 듣고 온도를 느낄 수 있는 능력을 구현하기 위해 만들어진 장치지요.

> 센서 중에서 시각에 해당되는 것이 광센서인데 빛의 밝기, 물체의 모양이나 상태, 움직임 등을 읽을 수 있어요.

키스멧의 눈에도 광센서가 쓰여요.

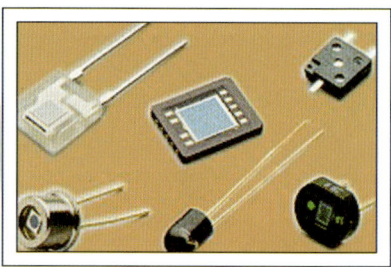

◐ 여러 모양의 광센서들

> 또한 로봇은 눈을 대신해 초음파 센서나 적외선 센서를 쓰기도 해요.

초음파 센서
초음파를 발사하여 음파가 되돌아오는 시간을 측정해 사물의 위치나 모양을 파악하는 센서

적외선 센서
적외선을 발사하여 되돌아오는 빛의 세기를 측정해 거리를 파악하는 센서

그런데 로봇에게 가장 좋은 눈은 카메라라고 할 수 있어요. 로봇 공학자들은 컴퓨터 화상 채팅용 카메라를 로봇에 사용해 카메라로 전송되는 정보를 가지고 로봇이 스스로 판단할 수 있게 만들지요.

로봇은 사람의 눈보다 좋은 눈을 가지고 있어요. 불이 꺼진 밤에도 볼 수 있지요. X-ray를 쓴다면 옷을 뚫고 몸을 볼 수도 있어요. 로봇의 눈에 천체 망원경을 달아 놓는다면 천 리가 아니라 만 리 밖도 볼 수 있을 거예요.

로봇도 근육이 있나요?

"2007년 미스터 코리아 대회에서 로봇이 1등을 했습니다."

어때요, 만약 이런 뉴스를 듣는다면 참 신기하겠지요? 과연 로봇에게도 근육이라는 게 있을 수 있을까요?

근육은 뼈와 함께 몸을 움직일 수 있게 하고 운동을 할 수 있게 해 주는데, 뇌가 몸에 보내는 전기 신호에 따라 적절하게 줄었다 늘었다를 반복하면서 힘을 만들어 내요.

역기를 들고 달리기를 하고 줄을 당기는 힘도 바로 근육의 움직임에서 비롯되는데, 근육의 길이가 10cm라면 신호에 따라 8cm로 줄어들었다가 10cm로 돌아가는 과정을 반복하면서 운동에너지를 만들어내지요.

분자에는 단원자 분자, 2원자 분자, 3원자 분자, 다원자 분자, 고분자 등이 있어요. 이중 분자량이 큰 분자를 고분자라고 해요.

단원자 분자	2원자 분자	3원자 분자	다원자 분자	고분자
NE	H H	O C O	에탄	➡ 녹말 ➡ DNA ➡ 단백질
네온	H_2(수소)	CO_2(이산화탄소)		

전기 활성 고분자는 전기의 자극에 반응하는 고분자로, 사람 힘의 15배까지 낼 수 있는 근육을 만들 수 있는 플라스틱이나 고무 등의 고분자랍니다.

◐ 전기 활성 고분자로 만든 로봇 팔

그런데 '전기 활성 고분자'라는 물질이 개발되면서 로봇의 인공 근육도 사람의 근육처럼 신호에 따라 크기가 줄어들거나 늘어날 수 있게 됐어요.

전기 활성 고분자는 전기 신호에 따라 길이가 조절되는 플라스틱이나 고무 등을 가리키는데, 전기 신호를 입력하면 줄어들거나 늘어나요. 또한 물질에 따라 전기 신호뿐 아니라 화학 물질이나 이온 등 다양한 조건에 반응해 길이가 변하기도 하지요. 그래서 로봇은 헬스클럽에 다니지 않아도 아주 단단하고 큰 힘을 낼 수 있는 근육이 생기는 거랍니다.

로봇도 사람처럼 체온을 유지해야 해요?

사람의 몸을 제대로 작동시키는 데는 효소와 호르몬이 필요해요. 이 효소와 호르몬은 우리 인체가 태어날 때부터 죽을 때까지 꼭 필요한 물질로, 에너지를 만들고 소화를 시키고 심장을 뛰게 하는 등 아주 많은 일을 하지요.

효소와 호르몬이 기능을 수행하기 위해 필요한 온도가 있는데, 그게 바로 체온이에요. 사람의 체온은 36.5℃가 정상인데, 만약 이보다 높으면 해열제를 먹어서 정상 체온을 유지할 수 있도록 해야 하지요.

로봇은 효소와 호르몬이 없으니까 온도를 일정하게 유지하지 않아

◐ CPU와 환풍기

도 될 것 같지만 사실은 그렇지 않아요. 로봇에 쓰이는 부품들에게도 잘 움직일 수 있는 적정 온도가 있지요.

전자 부품들은 전기를 이용해서 여러 가지 일을 해요. 그런데 온도가 올라가면 전기가 잘 흐르지 않게 되고, 전기가 잘 흐르지 않으면 열이 발생하지요. 이럴 때 온도를 내려 주지 않으면 CPU가 타 버려요. CPU는 사람에 비유하면 뇌와 같은데, 뇌가 타 버리면 로봇은 죽어 버리고 말지요. 그래서 로봇도 적정 온도를 유지해 줘야 한답니다.

021

로봇에게도 뇌가 있어요?

사람의 뇌는 대뇌-중뇌-소뇌-간뇌-연수로 나누어지며 그 역할이 각각 달라요.

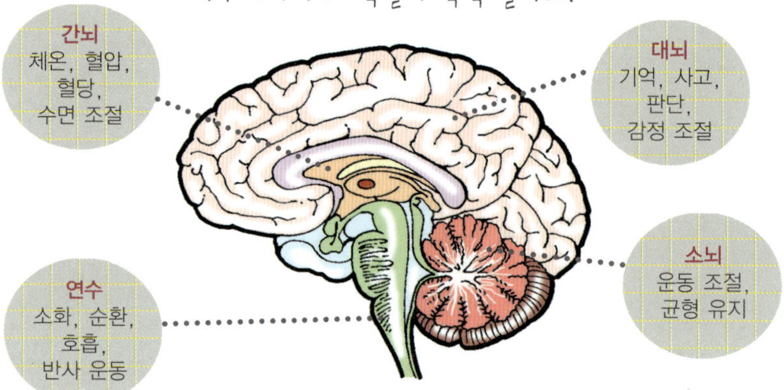

간뇌 - 체온, 혈압, 혈당, 수면 조절

대뇌 - 기억, 사고, 판단, 감정 조절

연수 - 소화, 순환, 호흡, 반사 운동

소뇌 - 운동 조절, 균형 유지

🔼 뇌의 구조

로봇은 CPU 즉, 중앙처리장치가 뇌의 역할을 대신하지요.

🔼 컴퓨터에 쓰이는 CPU

우리가 덧셈을 암산으로 하는 데에는 아무리 빨라도 1초는 걸려요. 하지만 요즘의 성능 좋은 CPU는 1초에 덧셈을 무려 30억 번이나 할 수 있대요.

컴퓨터를 살 때 Hz(헤르츠)라고 붙어 있는 글자는 CPU의 처리 속도인데 1초에 몇 번을 계산할 수 있는지 나타내주는 것이랍니다.

사람이 움직일 수 있는 것은 바로 뇌가 있기 때문이에요. 로봇에게도 뇌가 있는데, 그게 바로 CPU(중앙처리장치)지요.

56

CPU는 컴퓨터 시스템 전체를 제어하는 장치로써, 다양한 입력장치로부터 자료를 받아서 처리한 후 그 결과를 출력장치로 보내는 과정을 제어하고 조정하는 일을 수행해요. 모든 컴퓨터의 작동 과정이 CPU의 제어를 받기 때문에 컴퓨터에서 가장 중요한 부분이랍니다. 즉, CPU는 컴퓨터가 하는 작업에 있어서 핵심을 담당하는 장치라고 할 수 있지요.

> 로봇은 커다란 기억 장소, 즉 메모리 칩을 갖고 있기 때문에 어떠한 것이든 무한대로 저장하며 기억해 낼 수 있답니다.

영화 1,000편 정도야 우습지~.

로봇은 기억력도 아주 좋아요. 우리는 영화 한 편을 보면 줄거리와 주인공은 기억할 수 있어도 대사는 하나하나 기억하기가 어렵지요. 로봇은 대사 하나하나 빼놓지 않을뿐더러 사람이 몇 명 출연하고 배우의 머리카락이 몇 개인지까지 모두 기억할 수 있지요.

이렇듯 로봇의 뇌는 빠른 계산 능력과 뛰어난 기억력을 가지고 있지만 계산을 빨리하고 기억을 잘한다고 해서 똑똑한 것은 아니에요. 모든 일을 처리하기에는 이 두가지 능력만으로는 부족하거든요. 다시 말해 로봇은 창의적으로 생각하고 상상하는 능력이 없다는 거예요.

로봇도 동생처럼 잘 돌봐 줘야 해요?

　가전제품이나 자동차보다 더 복잡한 구조를 가진 로봇은 철저하고 세심하게 돌봐 줘야 하지요.
　현대인의 필수품인 휴대 전화는 내부는 매우 복잡하지만 관리가 간단하고 심한 충격에만 주의하면 오래 사용할 수 있어요. 자동차도 아주 복잡한 구조를 가지고 있지만 충격이 큰 사고가 나기 전까지는 별 이상이 없는 경우가 많지요.
　그러나 로봇은 달라요. 사람처럼 생긴 휴머노이드 로봇은 걷는 행동만으로도 충격이 가해져요. 발을 들었다 내렸다 하면서 생기는 충격은 로봇에게 심한 피해를 주지요.

이처럼 로봇은 충격에 매우 약해서 아주 세심한 관리가 필요하답니다. 로봇을 움직이기 전에 각 이음새나 관절 부분에 볼트와 너트가 잘 조여졌는지 확인해야 하고, 배터리는 충분한지 점검해야 해요. 그리고 회로 위에 이물질이 있는지도 반드시 확인해야 하지요. 전기가 돌아다니는 회로 위에 바늘이나 머리핀 같은 전기가 통하는 물건이 들어가면 배터리의 모든 전기에너지가 불로 변할 수 있거든요.

로봇도 일을 한 뒤에는 푹 쉬어야 해요?

학교 수업 시간은 보통 45분에서 50분이에요. 쉬는 시간은 10분이지요. 이처럼 사람은 일을 하고 난 뒤, 쉬는 시간을 가져야 또 힘을 내서 일을 할 수 있어요.

전기를 공급해 주는 전지, 움직임을 만들어 주는 모터, 동작을 제어해 주는 회로와 CPU, 각종 센서와 부품이 들어간 첨단 기술의 집합체인 로봇은 부품들이 온전하고 에너지가 충분하다면 오랫동안 작동시킬 수 있어요. 하지만 부품들이 영구적으로 백 년 천 년 망가지지 않는다는 보장은 어디에도 없지요.

전지는 일정 시간 충전을 해 줘야 다시 에너지를 보내 줄 수 있어요. 충전할 때까지는 쉬어야 하지요. 또 아무리 좋은 모터라고 하더라도 마찰이 있기 때문에 열이 많이 발생해 모터가 타 버릴 수 있어요.

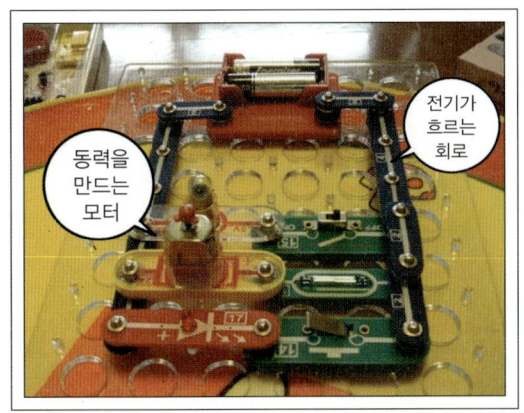

○ 학생이 만든 미니 로봇의 회로도

이것은 학생들이 만든 미니 로봇의 회로도예요. CPU나 모터, 센서 등은 이런 회로들로 연결이 되어 있는데 이 회로에는 많은 전기가 흐르기 때문에 많은 열이 발생할 수밖에 없어요.

사람도 열 받으면 큰일 나잖아요!

그래서 모터도 쉬어 주어야 하지요. 로봇이 작동할 때는 미세한 진동에서부터 큰 충격까지 로봇에게 좋지 않은 영향을 미치는 환경이 만들어질 수 있어요. 이 때문에 항상 점검을 해 주는 것이 좋지요. 자동차도 정기적으로 점검을 하고 타이어에 바람이 빠졌는지 등을 확인하는 것처럼 로봇도 각 부품들이 잘 고정돼 있는지, 전선이 벗겨진 곳은 없는지 확인해야 로봇을 망가짐 없이 오랫동안 쓸 수 있답니다.

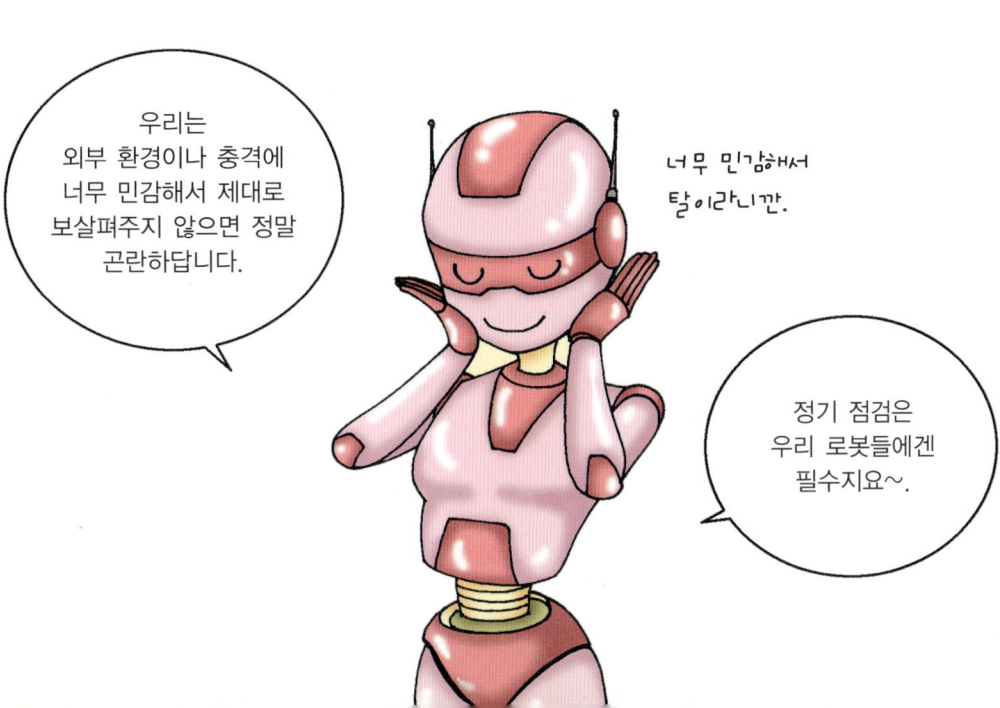

우리는 외부 환경이나 충격에 너무 민감해서 제대로 보살펴주지 않으면 정말 곤란하답니다.

너무 민감해서 탈이라니깐.

정기 점검은 우리 로봇들에겐 필수지요~.

로봇도 공부를 해야 똑똑해져요?

　책을 읽고, 배우고, 외우는 등 사람은 이렇게 공부를 해야 똑똑해지 잖아요. 로봇도 마찬가지예요.

　로봇의 팔, 다리, 머리를 모두 만들었다고 완전한 로봇이라고 할 수는 없어요. 아직 지식이 없으니까요. 그렇다고 우리처럼 로봇이 학교에 다니면서 공부를 하지는 않아요. 대신 인간이 만들어 낸 지식을 입력하는 것이지요.

　로봇의 머리는 컴퓨터와 같기 때문에 지식을 담은 파일을 전송해 주면 단 몇 초 만에 백과사전 100권 분량의 지식을 저장할 정도로 똑똑해져요.

그런데 로봇에게 지식을 입력하는 방법은 사람들이 공부하는 것과는 조금 달라요.

로봇은 우리들이 평소에 말하고 듣고 쓰는 언어를 읽을 수 없어요. 그래서 로봇은 로봇만의 언어를 쓰지요.

일단, 우리가 알 수 있는 방법으로 여러 가지 프로그램을 짜고 나서, 1과 0으로만 표현할 수 있는 기계어로 바꾼 뒤 로봇에게 입력을 해 주게 되면 지식 입력은 끝나요. 이런 과정을 통해 로봇은 인간이 입력해 준 언어로 스스로 똑똑해질 수 있는 거예요.

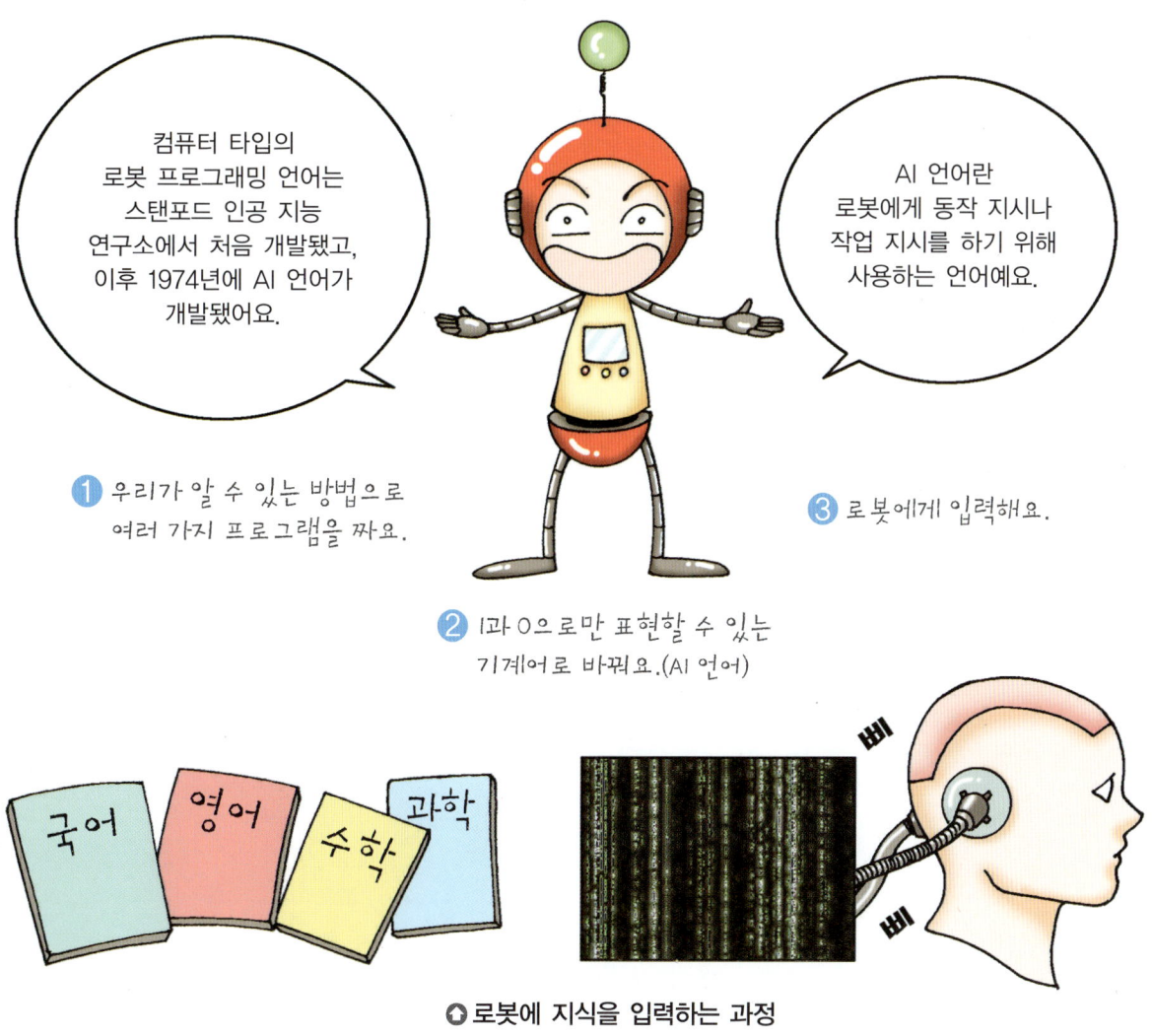

○ 로봇에 지식을 입력하는 과정

로봇이 달걀을 집을 수 있나요?

옛날부터 사람들에게 로봇의 손으로 달걀을 집을 수 있느냐는 큰 관심사였어요.

로봇이 달걀을 집으려면 손가락의 마찰이 있어야 하는데, 힘을 너무 많이 주면 달걀이 깨지고 힘을 너무 조금 주면 달걀이 떨어져요. 이 때문에 손가락으로 달걀을 집을 수 있는 로봇을 만들려면 아주 정밀한 기술이 필요하지요. 이러한 기술은 전자 공학이나 기계 공학 쪽에서 많이 연구하는데, 신호를 이용해 모터나 기타 부품 등을 제어하는

기술을 말한답니다.

로봇의 손가락은 금속과 같은 단단한 재질로 만들면 달걀이 쉽게 깨지고 반대로 아주 물렁물렁한 물 풍선 같은 재질로 만들면 달걀을 집기 어려워요. 그래서 새로운 제어 기술과 재질 등을 많이 연구해야 했지요.

로봇 팔 같은 경우에는 많은 분야에서 연구되고 있어요. 로봇 팔은 사실상 모든 산업 로봇들이 갖고 있는 것으로, 끝에 물건을 잡는 장치가 달린 팔을 말해요.

일본의 마사토시 교수팀은 2005년에 시속 300km 강속구를 받아 내는 로봇 손을 개발했어요. 이들은 강속구를 받아 내는 포수 로봇 손의 성능을 개량해 손가락만으로 떨어지는 달걀을 깨뜨리지 않고 잡아 낼 수 있게 만들었지요. 그냥 달걀을 집는 것도 어려운데 떨어지는 달걀을 손바닥을 쓰지 않고 손가락만으로 잡다니, 정말 대단하지요?

로봇 손은 로봇 부품 중 머리(두뇌) 다음으로 만들기가 까다롭다고 해요. 과거의 로봇 손은 팔뚝에 모터를 사용해 단순히 당겼다 폈다만을 할 수 있었거든요.

◐ 손가락 마디마다 달린 모터들

하지만 최근엔 손가락 마디마디에 소형 모터를 부착하는 기술이 개발돼 계란 집는 건 아무것도 아니랍니다.

◐ 달걀 프라이 하는 로봇 손

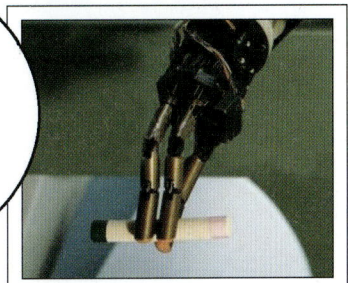
◐ 물건을 집는 로봇 손

로봇도 상처가 생기면 피가 나요?

사람에게는 무수히 많은 혈관이 있어요. 사람 몸속에 있는 대동맥, 대정맥 같은 큰 혈관에서부터 바늘 크기보다 작은 모세혈관까지, 이 모든 혈관을 일자로 늘어뜨리면 지구를 2바퀴 정도는 돌 수 있지요.

그런데 로봇에게도 혈관이 있다는 것, 알고 있나요?

로봇은 모든 작동을 전기로 해결하기 때문에 막힘없이 전기가 들어와야지 잘 작동돼요. 로봇의 몸에 필요한 모든 전기가 들어왔다 나가는 길은 바로 전원이 있는 곳이지요.

로봇의 전원은 거의 대부분 전지에서 오는데, 전지에 연결된 전선은 아주 굵은 선으로 만들어 줘야 해요. 예를 들어, 샤워를 해야 하는

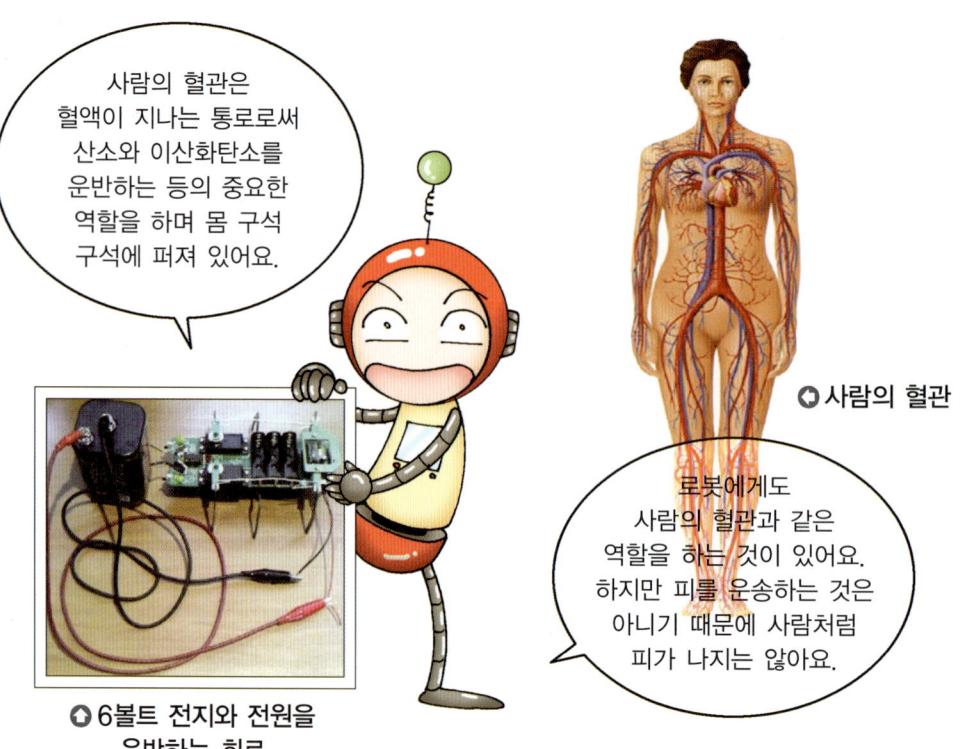

사람의 혈관은 혈액이 지나는 통로로써 산소와 이산화탄소를 운반하는 등의 중요한 역할을 하며 몸 구석구석에 퍼져 있어요.

○ 사람의 혈관

로봇에게도 사람의 혈관과 같은 역할을 하는 것이 있어요. 하지만 피를 운송하는 것은 아니기 때문에 사람처럼 피가 나지는 않아요.

○ 6볼트 전지와 전원을 운반하는 회로

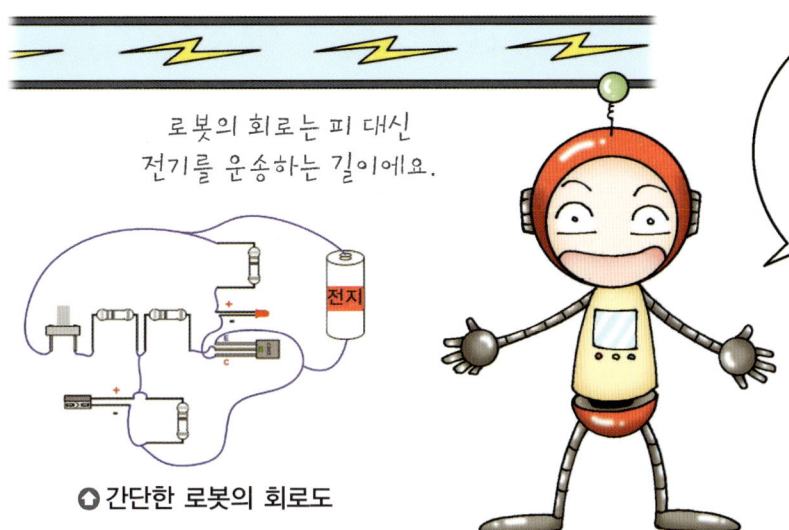

로봇의 회로는 피 대신 전기를 운송하는 길이에요.

로봇은 모든 작동을 전기로 해결하기 때문에 막힘없이 전기가 들어와야 잘 움직일 수 있어요. 또한 전원이 있어야 전기가 지나다닐 수 있답니다.

○ 간단한 로봇의 회로도

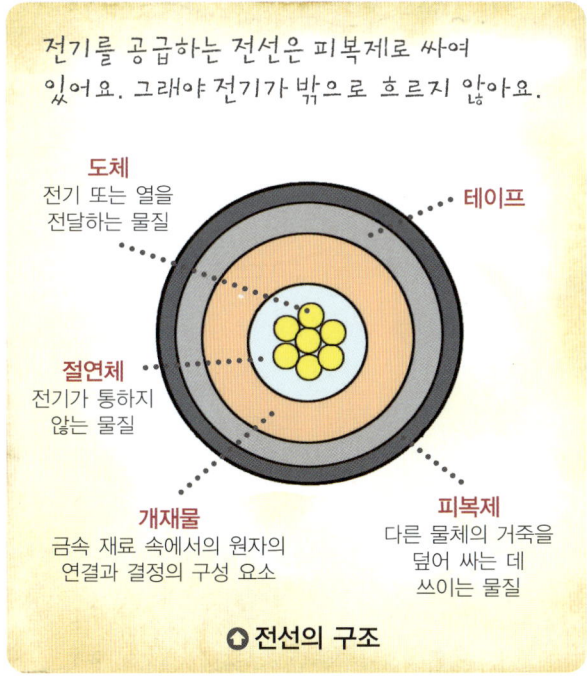

전기를 공급하는 전선은 피복제로 싸여 있어요. 그래야 전기가 밖으로 흐르지 않아요.

도체 전기 또는 열을 전달하는 물질

테이프

절연체 전기가 통하지 않는 물질

개재물 금속 재료 속에서의 원자의 연결과 결정의 구성 요소

피복제 다른 물체의 거죽을 덮어 싸는 데 쓰이는 물질

○ 전선의 구조

데 샤워 호스가 빨대 크기처럼 작으면 아주 불편하겠지요. 그 작은 빨대에 많은 물을 통과시키려면 압력이 세지게 되는데, 빨대가 견디지 못하고 터질 수 있어요. 전선도 마찬가지지요. 전기가 많이 오고 가는 곳에는 굵은 전선으로 해 주고, 전기가 적게 오고 가는 곳에는 얇은 전선으로 해 주어도 괜찮아요.

로봇의 회로에 상처가 나서 전지와 연결된 전선이 끊어지면 로봇은 쓰러지게 돼요. 그 전선에 우리가 손을 대면 감전되니까 혹시라도 로봇에 상처가 난다면 고무장갑을 끼고 로봇을 만지세요. 고무장갑은 전기가 통하지 않으니까요.

로봇도 바이러스에 감염될 수 있나요?

컴퓨터 바이러스는 컴퓨터에서 동작하는 일종의 프로그램이에요. 자료를 손상시킨다거나 다른 프로그램에 침투해서 정상적인 작업을 방해하는 프로그램이지요.

컴퓨터의 경우에는 모터 같은 움직임을 만들어 내는 기구가 없기 때문에 다른 사람에게 육체적 피해를 주지 않지만 아주 힘세고 무기가 있는 로봇에게 바이러스가 들어갔을 경우에는 사태가 심각해져요. 예를 들어, 해커가 군사용 로봇에 침입해서 같은 편인 군인들에게 총을 쏘도록 프로그램 된 바이러스를 침투시킨다면 피해가 아주 크겠지요.

　요즘은 전투기에 조종사가 직접 타지 않고 로봇이 조종을 하는데, 그 로봇이 바이러스에 감염된다면 아주 위험한 일이 벌어질 거예요.
　이런 일이 일어나지 않으려면 무엇보다도 보안 체계가 확실해야 해요. 그 누구도 로봇의 뇌를 쉽게 조정할 수 없도록 만들고, 또 로봇이 바이러스에 걸렸을 경우에는 신속하게 치료를 해 줘야 하지요. 그렇게 하지 않는다면 로봇끼리도 계속 바이러스가 전염돼 결국에는 이 세상의 모든 로봇과 전쟁을 해야 하는 일이 생길지도 모르니까요.

로봇의 생각을 어떻게 읽을 수 있나요?

사람은 기쁠 때는 기쁨을 나타내는 표현을 하고

슬플 때는 슬프다는 생각을 표현하지만 현재의 로봇은 그렇지 못해요.

친구를 만나 이야기를 나누다 보면 그 친구의 행동과 표정 그리고 미세한 눈동자 움직임을 통해 친구의 생각을 알 수 있답니다.

그렇다면 로봇의 생각은 어떻게 읽어야 할까요? 친구를 만났을 때처럼 눈동자를 보거나 이야기를 나눠야 할까요?

현재의 로봇은 우리와 이야기를 잘하지 못할 뿐더러 감정이나 상태를 표현할 만한 표정도 발달돼 있지 않아요. 그렇기 때문에 우리가 로봇의 생각을 읽으려면 로봇이 인간과 다른 방식으로 감정을 표현하고 생각을 전달할 수 있도록 특별한 장치를 설치해 주어야 하지요.

로봇의 생각을 읽는 방법 중에 아주 간단한 게 LED(발광 다이오드)를 달아 주는 거예요. LED란, 전기를 흘려 줬을 때 빛을 발하는 간단한 소자(장치, 전자 회로 따위의 구성 요소가 되는 낱낱의 부품)이지요.

그런데 모터가 한두 개가 아니라 수백 개라면 LED만으로는 로봇의 상태를 정확하게 파악하기 힘들어요. 그래서 모터가 많이 필요한 곳에는 그래픽 LCD(액정 표시 장치)를 달아 주지요. 그래픽 LCD란, 전자계산기나 전자시계, 전자사전에 있는 화면을 말하는데, 로봇은 이것으로 자신의 생각을 전달한답니다.

옛날에는 로봇에 TV나 컴퓨터의 모니터로 쓰인 CRT(음극선을 방출해 영상을 표현하는 데 사용하는 진공관)라고 하는 원통형의 큰 모니터가 떡 하니 자리 잡고 있었어요. 하지만 최근 LCD의 기술 발전으로 얇고 평평한 LCD 모니터가 로봇 안에 들어가고 있지요.

컴퓨터 화면이 로봇에 붙어 있으면 로봇이 어떤 생각을 하고 있는지 우리가 쉽게 읽을 수 있겠지요?

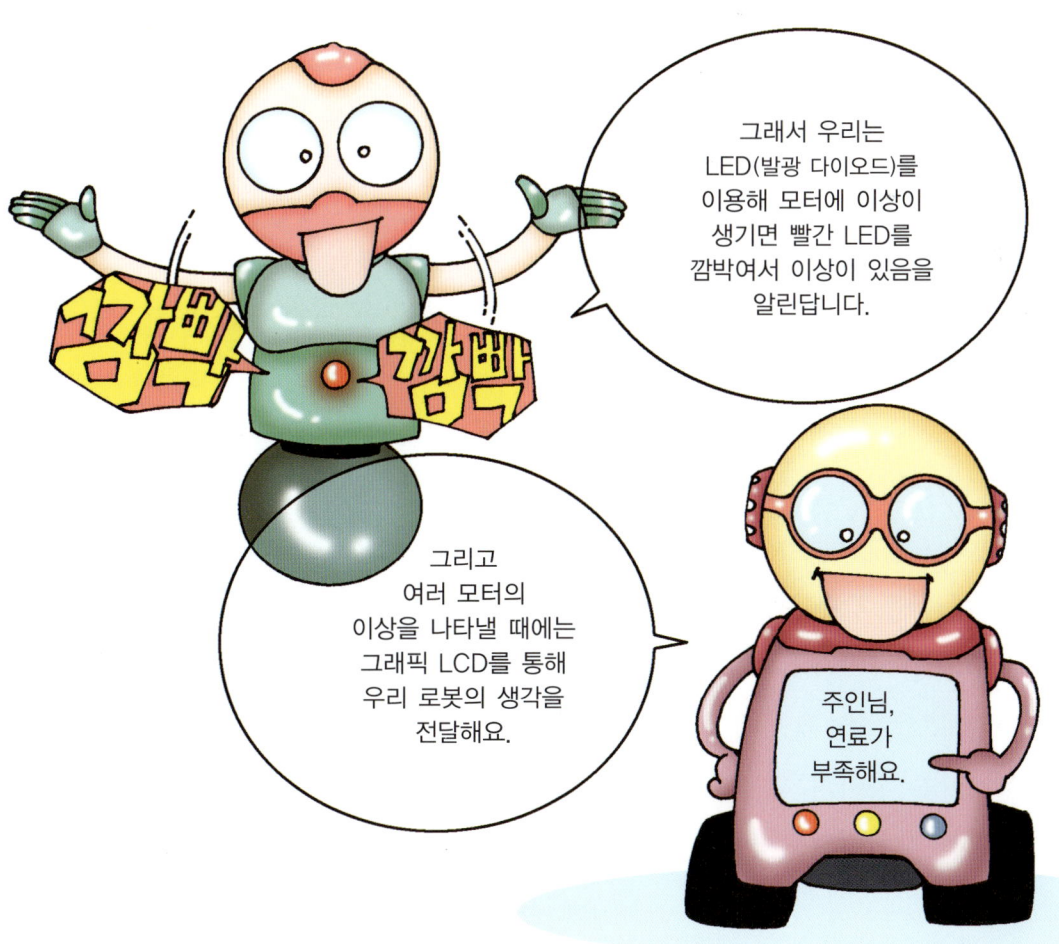

로봇도 고혈압이 생길 수 있나요?

○ 심장의 겉모양

로봇에게는 혈액은 흐르지 않지만 우리의 심장과 같은 역할을 하는 오실레이터라는 것이 있어요.

심장은 우리 몸의 피를 순환시키는 역할을 해요.

　호수의 개구리, 동물원의 반달곰 그리고 사람에게는 온 힘을 다해 힘차게 혈액을 공급하는 심장이 있어요.

　지금 오른손의 검지와 중지로 왼쪽 팔목을 가볍게 짚어 보세요. 심장에서 전해진 피들이 흐르는 것을 느낄 수 있을 거예요. 심장은 아주 잠깐이라도 멈추면 목숨이 위태롭게 되지요.

　그런데 생물에게 중요한 심장이 로봇에게도 있어요.

　CPU가 움직이기 위해서는 심장에서 피를 밀어 주듯 CPU에 일정한 주기로 신호를 제공해 줘야 해요. 이렇게 신호가 들어오면 하나의 작동을 하는 것이지요. 그런데 이런 신호를 제공하는 게 바로 '오실레이터'라는 장치랍니다.

전자 장치는 일정한 진동을 발생시키는데 이러한 진동은 시간이 지남에 따라 에너지가 줄어들어요. 오실레이터(내부발진기)는 줄어드는 에너지의 양만큼 외부의 에너지를 공급함으로써 진동의 일정한 폭을 유지시켜주는 장치예요.

○ 오실레이터

요게 바로 로봇의 심장인 오실레이터예요. 실제 크기는 어린아이의 새끼손가락 크기보다 작아서 로봇의 가슴에 있지 않고 로봇의 뇌인 CPU와 함께 머릿속에 있답니다.

우리가 아무리 달리기를 많이 해도 심장은 빨라야 1초에 세 번 이상 뛰지 않지만 로봇의 심장은 무려 30억 번이나 뛸 수 있어요. 사람의 심장이 그렇게 빨리 뛰면 혈압이 아주 높아져서 살 수 없겠지만 로봇에게는 아주 빠른 주기로 전기 신호가 제공되기 때문에 사람이 풀기 매우 복잡하고 긴 수학 문제라도 1초 만에 척척 풀 수 있답니다. 이렇듯 로봇은 사람에 비하면 아주 높은 혈압을 갖고 있는 셈이지요.

우리도 오실레이터에서 너무 많은 전기 신호를 받게 되면 회로가 멈추기도 하니까 로봇 고혈압이 생길 수도 있겠지요.

헥 헥 헥

로봇을 소리로 움직일 수 있나요?

매초 2만Hz.

초음파는 진동수가 너무 커서 사람이 들을 수 없는 소리로, 1초에 18,000번 이상 진동하는 음파를 말해요.

◑ 액체 속에서의 진동면에 따른 음장 현상

소리 중에는 우리 귀를 통해 들리는 것도 있지만 들리지 않는 것도 있어요. 초음파는 우리 귀에 들리지 않지요.

우리 귀로는 들리지 않는 초음파로 여러 가지 일을 할 수가 있어요. 원래 모터는 전기를 주면 돌아가지만 초음파모터는 초음파를 내주면 돌아가요. 이 초음파 모터는 자석 같은 게 없어도 움직일 수 있지요. 즉, 여러 개의 압전 세라믹 소자에 고주파 전기를 가해 압전 세라믹을 진동시키는 거예요. 그러면 안의 부품들이 부들부들 떨리

◑ 우리가 흔히 접할 수 있는 일반 모터

◑ 원환형 초음파모터

일반 모터는 코일이나 자석을 이용해 전기를 주면 돌아가지만 초음파 모터는 초음파 진동(20KHz 이상)을 내주면 돌아가는 모터예요.

74

면서 회전력을 얻게 된답니다.

초음파모터는 기본적인 모터의 성능은 물론 특히 반응 속도가 전자식 모터에 비해 10배 정도 빠른 것이 특징이에요. 초음파모터는 일본에서 실용화된 이후 미국, 프랑스, 독일 등이 그 뒤를 따르고 있지요. 현재는 카메라나 반도체장비, 의료기기 등에 사용되고 있는데 앞으로 로봇 시장이 활성화되면 빠른 속도로 시장이 확대될 것으로 기대되고 있답니다.

초음파모터는 저속 회전에서 큰 힘을 필요로 하는 곳이나 자석의 성질을 싫어하는 장치 또는 초소형 사이즈 부품의 움직임 등에 이용돼요. 다른 일반적인 모터는 자석이 들어 있고, 전기를 넣어 주기 때문에 전자파가 발생하여 인간과 생물, 다른 전자 부품에 영향을 주지만, 초음파모터는 초음파가 모두 회전하려는 힘으로 변환되기 때문에 인간이나 기타 생물에게 해를 주는 일이 없지요.

초음파모터는 아주 미세하고 빠른 진동으로 움직이는 장점이 있어 카메라 렌즈의 자동 초점을 맞추는데 주로 쓰이고 있지만 일부 로봇에도 사용되고 있어요.

3장
다양한 로봇 세상 엿보기

몸이 불편한 사람을 돕는 재활 로봇에 대한 관심은 일본뿐만 아니라 우리나라도 많아요. 그래서 만들어진 게 휠체어 로봇인데, 휠체어 로봇은 손이나 다리를 쓰지 못하는 장애인이 어떻게 움직이고 싶어하는지 파악하여 움직여 주지요. 또 보행 보조 로봇도 있는데, 힘이 떨어진 노인과 장애인이 집안에서나 바깥에서 안전하게 걸어다닐 수 있도록 사용자를 부축해 주는 재활 로봇이랍니다.

몸이 불편한 사람을 로봇이 도울 수 있나요? 중에서

애완견 로봇도 꼬리를 흔들어요?

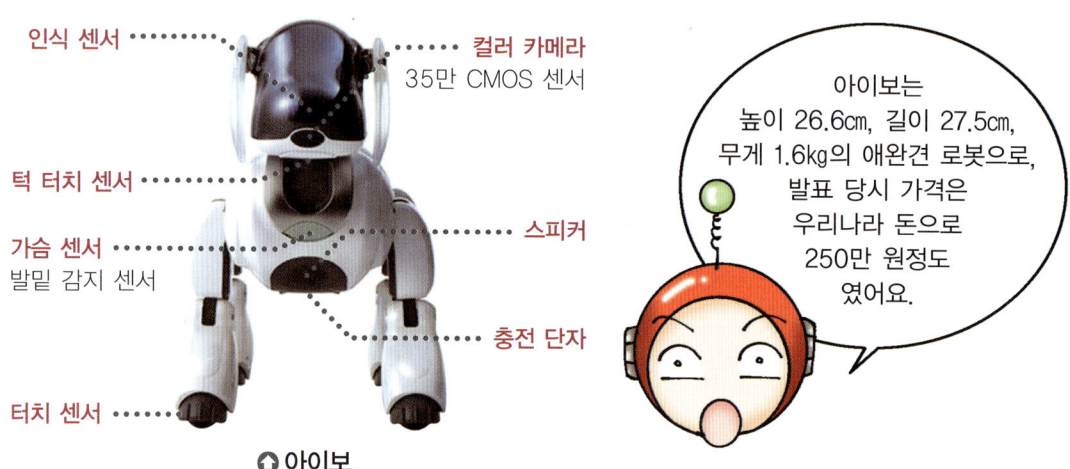

○ 아이보

아이보는 높이 26.6cm, 길이 27.5cm, 무게 1.6kg의 애완견 로봇으로, 발표 당시 가격은 우리나라 돈으로 250만 원정도 였어요.

애완용 로봇은 말 그대로 우리가 애완용으로 키우는 동물을 닮은 로봇이에요. 강아지, 고양이, 물고기 로봇들이 있지만, 그 가운데 애완견 로봇이 가장 인기가 있지요.

애완견 로봇의 대표작은 일본의 유명한 전자 제품 회사인 소니에서 1999년 5월 12일에 만든 아이보(AIBO)예요.

아이보는 최초로 만들어진 감성 지능형 완구 로봇이에요. 인공 지능을 뜻하는 'AI'와 로봇의 'BO'를 합쳐 만든 합성어로, 일본어로 '친구'라는 뜻을 갖고 있지요.

아이보는 발매 즉시 인터넷을 통해 3,000개가 팔릴 정도로 대단한 인기를 얻었지만, 그 뒤로 점점 사람들의 관심을 잃어 갔어요.

그러나 아이보는 계속 진화했어요. ERS-210, ERS-220, 아이보 LM 등에 이어 2003년에는 아이보 ERS-7이 탄생했지요. 아이보

꼬리 흔드는 건 기본이죠.

아이보는 감성 지능형 로봇답게 '기쁨, 슬픔, 화남, 놀람, 두려움, 싫어함'의 6가지 감정과 '사랑, 탐색, 운동, 배고픔'의 4가지 본능도 표현할 수 있어요.

살랑
살랑

메모리스틱

아이보는 메모리스틱 덕분에 약 50가지의 말을 알아 듣고, 뛰고, 공을 차고, 물건을 물고 다니는 등 갖가지 재롱을 피울 수도 있답니다.

아이보가 이런 감정과 본능을 표현할 수 있는 것은 메모리스틱에 저장된 프로그램 덕분이며 다른 아이보와 의사소통도 가능하답니다.

ERS-7은 초기의 아이보보다 더 유연하게 걸을 수 있고 다양한 동작을 구사하며, 주인이 얼마나 많이 가르치느냐에 따라 성장 정도가 달라진대요. 게다가 다른 아이보와 서로 의사소통도 할 수 있다고 하니 놀랍지요?

○ 아이보 삼총사
(왼쪽부터) 아이보 ERS-7, 아이보 ERS-220, 아이보 LM

 ## 로봇이 우주여행을 했다고요?

◐ 태양계의 8개 행성

화성은 지구의 밖을 돌고 있는 첫 번째 행성이며 태양을 중심으로 네 번째 궤도를 공전하는 태양계 행성으로 지구와 가장 비슷한 환경을 갖고 있어요.

화성은 밤낮으로 160℃씩 극한으로 오가는 온도 변화를 갖고 있어서 사람이 쉽게 접근할 수 없는 곳이에요. 그래서 사람 대신 화성을 탐사할 무언가가 필요했고, 그 역할을 화성 탐사 로봇이 하게 된 것이지요.

화성 탐사 로봇은 화성의 지질이 어떤 성분으로 이루어져 있는가, 또 어떤 기체로 이루어져 있는가를 직접 탐사하고 사진까지 찍어서 지구로 보내는 일을 해요.

그런데 화성이 지구와 워낙 멀리 떨어져 있기 때문에 로봇이 지구에 화면을 보내고, 다시 지구에서 보낸 명령을 수신하는 데 수십 분이 걸려요. 그래서 이 시간 동안 로봇은 스스로 판단해 장애물을 피하고 탐사 활동을 해야 하기 때문에 뛰어난 지능과 학습 능력이 필요하지요.

한국 시간으로 1997년 7월 5일 오전 2시 7분, 미국 캘리포니아주 패서디나의 우주 통제 센터에 무인 우주탐사선인 패스파인더 호가 지구로부터 4억 9,700만km를 날아 7개월간의 기나긴 여정을 끝으로 화성에 도착했어요.

패스파인더 호는 역사상 처음으로 로봇을 태운 탐사선으로, 그 로봇이 바로 최초의 행성 탐사 로봇인 소저너(Sojourner)예요. 소저너는 초속 1cm로 움직이며 6주간에 걸친 탐사 활동을 했어요.

이외에도 2003년에는 유럽항공우주국의 탐사 로봇인 비글 2호가, 2004년 1월에는 나사의 쌍둥이 화성 탐사 로봇 스피릿과 오퍼튜니티가 화성에 착륙했어요. 이들은 화성의 생명체를 찾거나 화성에 물이 있다는 증거를 찾기 위해 애쓰고 있지요.

○ 패스파인더 호가 찍은 소저너

타이타닉 호에 숨겨진 보물은 누가 찾나요?

◆ **타이타닉 호** 영국의 화이트스타 사가 만든 초대형 호화 여객선

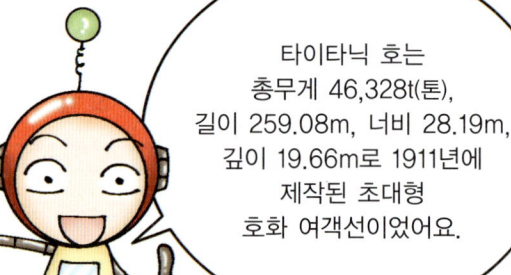

타이타닉 호는 총무게 46,328t(톤), 길이 259.08m, 너비 28.19m, 깊이 19.66m로 1911년에 제작된 초대형 호화 여객선이었어요.

1912년 4월, 세계 최대 여객선 타이타닉 호가 빙산과 충돌해 북대서양의 깊은 바닷속에 침몰했어요. 타이타닉 호에는 부자들이 많이 타고 있었기 때문에 그 배에는 엄청난 보물이 있었을 거라는 추측이 있었고, 1985년부터 타이타닉 호의 탐사가 시작됐지요. 하지만 이 탐사는 쉽지 않았어요. 깊은 바닷속에 잠겨 있는 타이타닉 호에 접근하기가 힘들었으니까요. 그래서 수중 탐사 로봇이 필요했지요.

수중 탐사 로봇은 깊은 바닷속에 혼자 들어가야 하기 때문에 스스로 해저의 지형을 판단해 조사할 방향과 거리를 결정하고 자료를 해저에서 모선으로 보내는 시스템을 갖추고 있어요.

1985년 7월, 해저 6,750m를 내려간 미국의 유인 탐사정 앨빈 호에는 '제이슨 주니어'라는 로봇이 타고 있었어요.

타이타닉 호에 숨겨진 보물을 찾아다녔던 제이슨 주니어와 같은 수중 탐사 로봇은 해저 자원 탐사, 침몰된 선박의 인양 작업, 기름 제거

◐ 유인 탐사정 앨빈 호

◐ 제이슨 주니어

제이슨 주니어는 원격 제어 수중 탐사 로봇으로 특수카메라와 10㎏ 정도의 물건을 들어 올릴 수 있는 능력을 갖고 있었어요. 제이슨은 정교한 움직임으로 타이타닉 호의 여객선 문을 밀고 들어가 선실 구석구석의 사진을 찍어 보냈답니다.

작업, 해저 케이블 설치, 수중 구조물의 수리 등에 이용되고 있어요. 실제로 1986년 폭발한 우주 비행선 챌린저 호를 바닷속에서 찾아냈으며, 1987년에는 수심 4,500m에서 남아프리카 항공기의 블랙박스를 건져 내기도 했지요.

해미래는 로봇 팔과 각종 계측 장비, 수중 카메라, 조명 장치 등을 갖추고 있답니다.

우리나라에선 2005년 한국해양연구원에서 6,000m급 심해 탐사 무인 잠수정인 '해미래'를 만들었어요.

83

로봇이 인간을 대신할 수 있나요?

　1980년대 중반부터 우리나라, 미국, 일본 등 여러 나라에서는 자동차를 생산하는데 로봇을 이용했어요. 자동차 차체를 용접하거나 차량에 페인트를 칠하는 일은 산업용 로봇이 전부 도맡아서 했지요.

　사람들은 로봇의 팔을 이용함으로써 위험한 환경에서 벗어날 수 있게 됐어요. 용도에 맞게 용접을 하는 용접 로봇, 제품을 쌓아 놓거나 통에 담아 놓으면 그것을 옮기는 이동 로봇, 나사를 죄는 데 사용하는 체결 로봇, 인체에 유해한 환경에서 사람 대신 화학 물질을 배합하거나 조작하는 로봇, 센서를 이용해 제품이 원래 의도대로 만들어졌는지를 검사하는 로봇 등이 있지요.

　이렇게 산업용 로봇은 작업 환경이 나쁜 곳에서 인간이 힘들어하고

이러한 산업용 로봇들은 사람들을 대신해 위험한 환경에서 일하며 사람이 작업하는 것보다 빠르고, 정확한 반복 작업의 수행이 가능하다는 장점이 있어요.

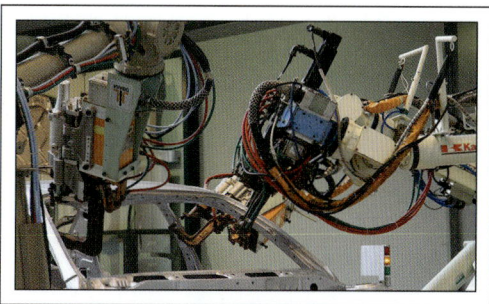

◐ 자동 용접 로봇

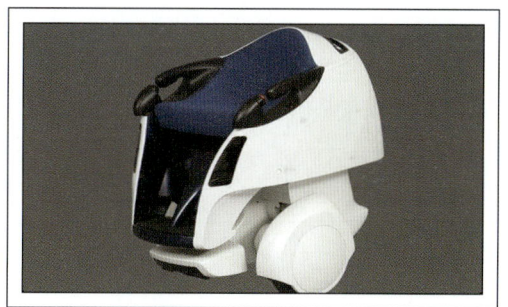

◐ 바퀴 달린 이동 로봇

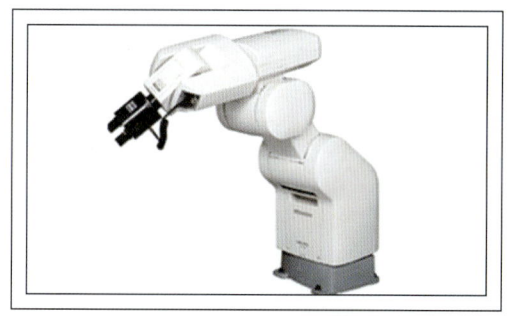

◐ 나사 체결 로봇

싫어하는 일을 대신해 주고, 인간의 노동을 도와주는 역할을 하고 있어요.

산업용 로봇의 최대 장점은 전기나 동력만 넣어 주면 24시간 일을 할 수 있기 때문에 생산력을 높일 수 있다는 것이에요. 그리고 사람을 대신하게 되니까 인건비도 절약하게 되고 또한 고장이 거의 없어서 병원에 자주 가지 않아도 되지요.

로봇이 농사를 짓는다고요?

로봇이 농사일을 대신함으로써 수확량도 늘고 농부 아저씨의 힘을 덜어 줄 수 있게 됐어요.

미국 일리노이 대학의 농학 관련 엔지니어들은 몇 가지 농업용 로봇을 개발했는데, 그 가운데 가장 독특한 게 '농사용 개미(Ag Ant)'라는 이름이 붙은 로봇이에요. 약 30cm 길이의 이 로봇은 기계적인 다리를 가지고 농작물의 줄을 따라 움직이도록 설계돼 있지요.

↑ 농사용 개미 로봇

농업용 로봇 개발의 장기 목표는 현재 이용하고 있는 크고 값비싼 농기구를 대신할 소형의 값싼 로봇을 개발하는 거예요.

30cm 길이의 농사용 개미 로봇은 우리나라 돈으로 약 150만 원 정도밖에 하지 않았대요.

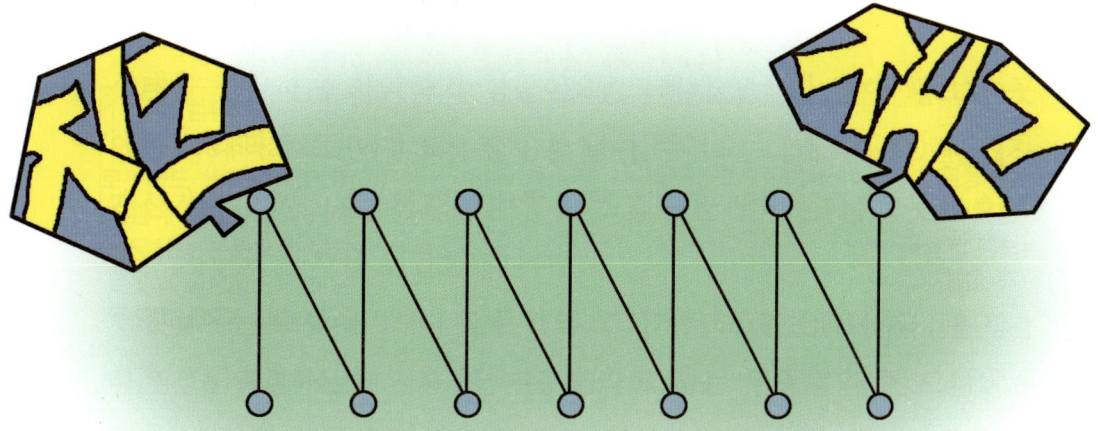
◐ 농사용 개미 로봇의 옥수수밭 관리 모양

우리나라에도 2006년에 (주)CMS에서 개발한 농업용 방제 로봇 세레스가 있어요.

◐ 우리나라의 방제용 로봇 세레스
사람 대신 농약을 뿌리는 일을 해요.

주로 옥수수밭을 관리하는 이 로봇은 옥수수가 심겨진 줄에 맞춰 스스로 방향을 조절해요. 로봇이 옥수수밭의 맨 끝에 이르면 센서들이 로봇에게 돌아서라는 신호를 주지요. 그 신호 덕분에 농사용 개미 로봇은 여러 줄로 되어 있는 옥수수밭을 자기가 알아서 돌아다니며 관리를 할 수 있는 것이랍니다.

이렇게 자기가 알아서 옥수수 밭을 돌아다닐 수 있는 농사용 개미 로봇은 잡초를 발견하면 다른 곳에 있는 로봇에게 통신으로 이 사실을 전달하여 함께 잡초를 공격하기도 해요.

이렇게 농업에 관련된 로봇 기술이 점점 발전하다 보면, 아마 로봇이 농사지은 쌀로 밥을 해 먹어야 할 때가 올지도 모르겠어요.

숙제를 대신해 주는 로봇이 생겨요?

흔히 '교육용 로봇' 하면 내가 하기 싫은 공부나 숙제를 대신해 줄 로봇을 떠올리겠지만, 사실 교육용 로봇은 그런 것과는 조금 거리가 있어요.

로봇이 교육용으로 쓰이는 것은 보통 두 가지 경우예요.

첫 번째는 로봇 자체가 교육용 교재로 사용되는 것이에요. 즉, 로봇을 만들면서 창의력과 상상력을 키워 가는 것이지요. 예를 들어, 로봇을 만들 수 있는 키트(센서, 프로그램, 모빌)는 아이들 스스로 프로그래밍, 로봇의 움직임까지 판단해 학습하게 하며 창의력과 동시에 문제

키트란 어떤 전자제품을 쉽게 만들 수 있도록 필요한 부품을 한 곳에 모아 둔 것을 말해요. 이렇게 로봇 키트를 이용해 로봇을 직접 만들 수 있는 것도 있어요.

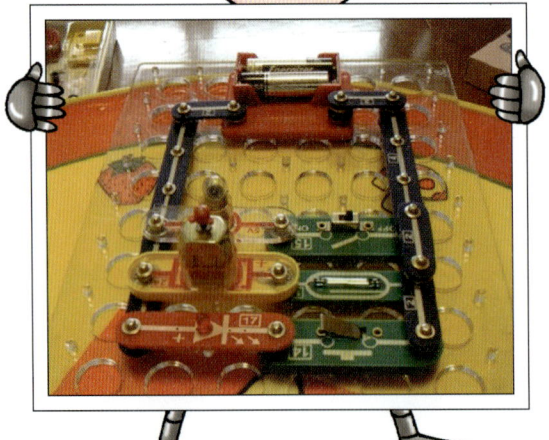

◎ 교육용 교재로 사용되는 로봇

해결 능력을 길러 주는 자기 주도적인 교육 프로그램이에요. 이러한 교육용 로봇 키트 산업은 현재 꾸준히 좋은 반응을 얻으며 성장하고 있답니다.

두 번째는 로봇이 교육 현장에 사용되는 것이에요. 흔히 음성 인식 칩이 들어 있는 장난감 같은 게 이와 같은 경우이지요. 이런 장난감들은 로봇 수준까지는 아니지만 교육에 이용될 수 있는 로봇의 초기 모델이 어떤 것인지를 짐작하게 해 줘요. 실제로 이런 장난감에서 한 걸음 더 나아간 지능형 로봇이 어린이 교육에 투입되는 일이 우리나라에서 있었지요.

이렇듯 교육용 로봇은 내 숙제를 대신해 주기보다는 내 공부를 도와주는 가정교사와 같은 존재라고 할 수 있어요.

엄마 아빠를 도와줄 로봇이 있나요?

미국의 프로보틱스 사에서는 2003년에 가사 로봇인 '사이(Cye)'를 만들었어요. 이 로봇은 커피 심부름을 하거나 우편 배달물을 나르고 실내 바닥을 청소하며 인터넷을 통한 원격 조정으로 집안을 감시하는 기능을 갖추고 있지요.

가사 로봇 중에서 가장 인기가 높은 것은 청소 로봇이에요. 세계 최초로 상용화된 가정용 청소 로봇은 2001년 스웨덴에서 출시된 진공청소기 '트릴로바이트(Trilobite)'예요. 트릴로바이트는 사람의 손이 전혀 필요 없는 청소기로, 실내에 풀어 놓기만 하면 초음파 방식을 이용해 자기가 알아서 청소를 하고 다니지요.

가사 로봇은 집안일을 도와주는 로봇으로 인터넷에 연결된 인터넷 기반 로봇과 청소용 로봇이 주류를 이루고 있어요.

집안일은 제게 맡겨요~

○ 가사 로봇 'Cye'

청소 로봇의 대표적인 '사이(Cye)'는 가정용 청소기를 끌고 집안 청소를 하거나 물건을 운반하고 인터넷에 연결되어 집안을 감시하기도 해요.

일단 청소가 시작되면 벽을 따라 방을 한 바퀴 돌면서 청소 공간을 측정해요.

카펫과 마루 바닥 청소는 기본이고

소파와 침대 밑도 청소하며

전력이 떨어지면 스스로 충전도 한답니다.

　트릴로바이트는 일단 청소를 하기 시작하면 먼저 청소할 공간의 가장자리를 한 바퀴 돌면서 전체 공간의 크기를 계산해요. 그리고 방의 모양을 기억하여 청소하는 데에 필요한 시간을 계산한답니다. 그렇게 정해진 공간을 한 부분도 빠뜨리지 않고 청소하는 트릴로바이트는 도중에 장애물을 만나면 곧바로 새로운 방향을 정해 청소를 한다고 해요. 더 놀라운 것은 청소를 하다 전력을 다 써 버리면 자동으로 충전기로 돌아가 스스로 재충전을 한다는 것이지요. 물론 충전이 완료된 뒤 나머지 부분의 청소를 끝낸답니다.

　이러한 청소 로봇은 이제 더 이상 어려운 기기가 아닌 편리한 생활 도구로써 우리에게 친숙한 존재로 다가오고 있지요.

올림픽에 출전하는 로봇이 있다고요?

　4년에 한 번씩 열리는 올림픽 경기는 세계 여러 나라의 선수들이 모여서 자신의 실력을 유감없이 발휘하는 국제적인 시합이지만, 이것은 어디까지나 사람들한테만 해당되는 거예요. 대신 사람이 운동 경기에 참가하지 못하는 올림픽이 있는데, 그게 바로 로보림픽(ROBOlympics)이에요.

　2004년에 열린 제1회 로보림픽은 미국 샌프란시스코에서 열렸어요. 주최측인 미국을 비롯해 우리나라, 영국, 일본, 스페인, 벨기에, 캐나다, 독일, 싱가폴, 슬로베니아, 호주 등 11개국에서 참가해 로봇 대회로는 단일 규모의 세계 최대 행사로 기록됐지요.

제1회 로보림픽에서는 축구, 씨름, 리본 잡고 오르기, 걷기, 불 끄기, 전투 등 모두 31개 종목의 경기가 치러졌는데, 대회 결과 25개 금메달을 거둬들인 미국이 종합 우승을 차지했고, 금메달 5개를 따낸 일본이 준우승을 했어요.

　로보림픽은 단순히 로봇들만의 스포츠 시합을 하는 데 의미가 있는 게 아니라 영상 처리, 인공 지능, 센서, 통신, 전자 정밀 제어, 구동 장치 등 소프트웨어와 하드웨어의 첨단 기술을 학습하고 적용할 수 있는 실험실 역할을 한다고 할 수 있어요. 제1회 로보림픽에서는 414개의 로봇과 547명의 로봇 과학도들이 서로의 기술을 겨루었지요. 이렇듯 로보림픽은 세계의 많은, 로봇 기술을 배우고 연구하는 사람들이 서로의 기술을 겨루며 승부를 겨루는 의미있는 자리라고 할 수 있답니다.

◐ 2004년 로봇 올림픽이 열린 경기장 전경

'킹고'가 슬로베니아와 독일팀에 이어 동메달을 따냈답니다.

우리나라는 인체 모형 축구 대회에 '키봇'을 출전시켜 캐나다팀을 누르고 금메달을 따냈고 바퀴형 축구에서는

◐ 우리나라의 축구 로봇팀 '킹고'　　◐ 금메달리스트 키봇

주몽에게 군사용 로봇이 있었다면 어땠을까요?

고구려를 세운 주몽에게 군사용 로봇이 있었다면 어떤 전쟁에서도 승리를 거두었을 거예요. 하지만 군사용 로봇이 전쟁에 이용된 것은 요즘 들어서의 일이지요. 특히 군사용 로봇은 테러나 전쟁과 같은 위험한 상황 속에서 군인들을 도와줄 수 있는 소중한 존재이기 때문에, 그것을 개발하고 연구하는 데에는 많은 첨단 기술이 동원된답니다.

고성능의 카메라가 달려 있는 무선 조종 헬기, 세균무기를 실은 공격용 로봇, 폭발물 탐지 로봇 등 이러한 것들이 첨단 기술을 자랑하는 군사용 로봇들이에요.

2004년 10월, 우리나라에서 개발된 '이지스(Aegis)'와 '롭해즈(Robhaz)'가 자이툰 부대와 함께 이라크로 떠났어요.

국내의 방위산업체가 개발한 이지스는 2km 이내에서 움직이는 모

↑ 지능형 경계 전투 로봇 이지스

경계 전투 로봇인 이지스는 중요 경비 지역에 배치돼, 영상 센서 감지로 목표물을 자동 추적해요.

롭해즈는 폭발물 탐지시 인명 피해를 막기위해 개발됐어요.

↑ 폭발물 탐지 로봇 롭해즈

든 물체를 알아내어 24시간 밤낮으로 경계 임무를 설 수 있어요. 또한 소총을 갖고 있어서 전투 상황이 일어날 경우 로봇에 내장된 컴퓨터로 거리를 계산해 명중률 100%에 가깝게 사격할 수 있지요.

그리고 한국과학기술연구원이 개발한 롭해즈는 사람을 대신해 폭발물 탐지와 제거 등 위험 임무를 수행하는 위험 처리 로봇이에요. 롭해즈는 계단이나 울퉁불퉁한 땅을 최대 시속 12km로 달리며, 폭발물 처리용 물포총, 야간 투시 카메라, 지뢰 탐지 장치 등을 갖추고 있지요. 이러한 군사용 로봇들을 쓰면 인명의 희생이 줄어들겠지만 바로 그런 이유 때문에 전쟁이 더욱 자주 그리고 쉽게 일어날 것이라는 지적도 있답니다.

로봇이 노벨 의학상을 받을 수 있나요?

　1997년, 다빈치라는 의사가 수술대에 누워 있는 심장병 환자를 수술하고 있었어요. 심장병 수술은 의사의 손 떨림으로 실수가 발생할 수 있기 때문에 수술은 아주 조심스럽게 진행됐지요. 의사는 가슴 부위를 1cm 정도만 자른 상태로 수술을 성공시켰어요. 자른 부위가 적어서 수술 부위에 흉터도 남지 않고 환자도 빠르게 회복됐지요.

　이렇게 수술을 성공시킨 다빈치는 의사이기는 하지만 사람이 아니라 로봇이에요. 중세의 과학자이자 예술가인 레오나르도 다빈치의 이름을 빌려 만든 이 수술용 로봇 다빈치는 미국의 예일대학에서 만들었어요.

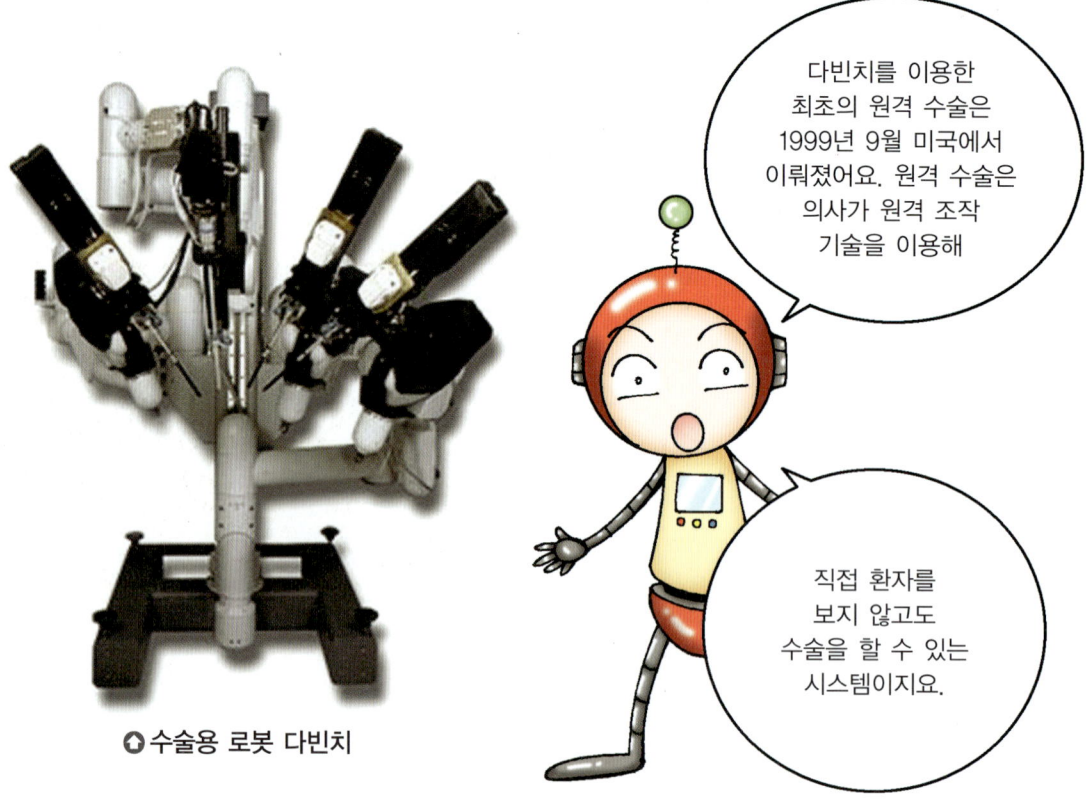

○ 수술용 로봇 다빈치

다빈치를 이용한 최초의 원격 수술은 1999년 9월 미국에서 이뤄졌어요. 원격 수술은 의사가 원격 조작 기술을 이용해 직접 환자를 보지 않고도 수술을 할 수 있는 시스템이지요.

먼저 환자의 몸에 연필 지름 크기만 한 구멍을 낸 후에 다빈치가 그 구멍안에 들어가지요. 로봇 팔처럼 생긴 다빈치는 의사의 지시에 따라 움직여요.

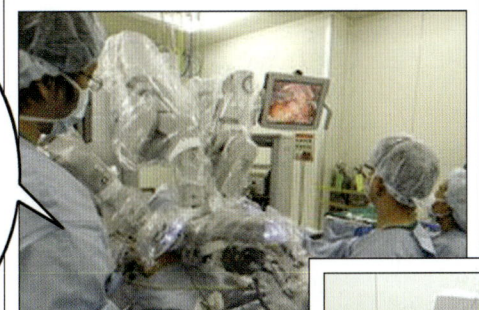

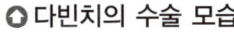
● 다빈치의 수술 모습

다빈치의 ●
팔 끝
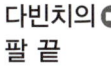

의사들은 수술대에서 몇 걸음 떨어진 곳에 앉아 화면을 통해 확대된 수술 부위를 보며 로봇 팔 끝의 초소형 수술기구를 조작해 수술하지요.

이렇듯 로봇이 인체 수술에 동원되는 이유는 미세한 신경 조직 하나하나를 다루는 수술에서 로봇이 의사보다 더 정확하고 실수가 없기 때문이에요. 그리고 몇 시간씩 계속되는 수술로 의사들이 피로할 수 있는데, 수술용 로봇의 도움을 받는다면

신체적 피로가 많이 줄어드니까 환자를 좀 더 잘 돌볼 수 있지요.

97

 내 몸속에도 로봇이 들어갈 수 있나요?

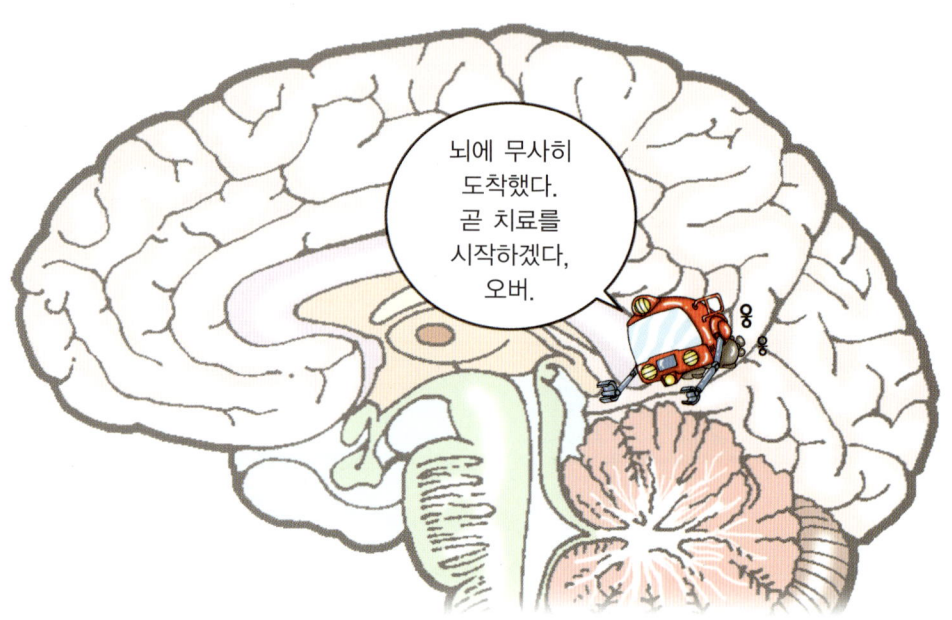

 한 과학자가 총을 맞아 뇌를 다쳤어요. 뇌는 한번 다치면 회복하기도 힘든데다가 그 과학자의 다친 정도가 워낙 심해서 의료진들은 기존의 외과 수술 방법이 오히려 더 큰 위험에 빠뜨릴지도 몰라 고민에 빠졌지요. 고민 끝에 그들은 박테리아 크기로 축소된 외과 의사 팀을 만들었어요. 이들은 축소된 잠수함을 타고 환자의 손상된 뇌 부위로 들어가 성공적으로 치료를 한 뒤 환자의 눈물을 타고 몸 밖으로 나왔지요.

 이 이야기는 미국 SF 영화 '마이크로 결사대'의 줄거리예요. 이 작품은 1966년에 만들어진 것이라 영화 속 이야기가 실제로 일어날 거라고 그때는 생각하지 못했지요. 하지만 영화 속 이야기가 현실화됐답니다.

◐ 초소형 로봇 벌레 (Robot Worm)

독일 일메나우공과대학 연구팀에 의해 개발된 초소형 로봇 벌레는 인체의 정맥이나 동맥 속에 들어가 진찰, 청소 기능을 수행하고 수술 도구로도 이용될 수 있어요.

두께는 성냥개비보다 가늘며 길이는 성냥개비 반만 해요.

달팽이의 움직임에서 아이디어를 얻어 밀고 당김으로써 전진과 후진을 할 수 있어요.

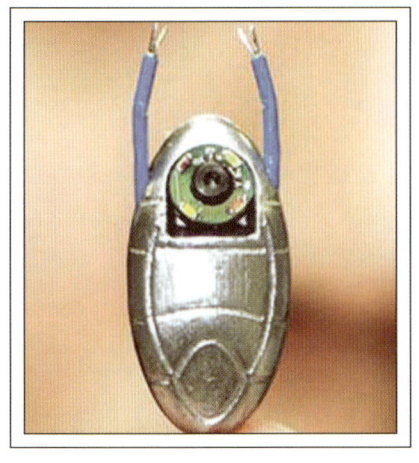

◐ 초소형 의료 로봇
지름 1cm, 길이 2cm, 무게 5g

2007년 3월에 일본 리츠메이칸대학에서 시작품 개발에 성공한 초소형 의료 로봇인 딱정벌레 로봇이에요. 이 로봇은 머리 부분에 달린 카메라로 환부를 확인하고 약물 투여, 조직 샘플 채취 등 실질적인 의료 행위를 할 수 있어요.

이와 같은 초소형 로봇은 우리 몸속에 들어가 병원균과 싸우고 직접 치료를 하기 때문에 치료 효과가 더 확실하답니다.

고층 건물도 금방 지을 수 있어요?

언덕 위에 지어진 멋진 집. 보기에는 근사하고 멋있지만 이 집을 짓기 위해서는 수많은 사람들의 손길이 필요해요. 그래서 건설업은 사람들이 힘들어 하는 분야이지요. 특히 높은 건물을 지으려면 작업도 어렵고 위험 부담도 커요. 거대한 철근도 하늘 높이 올려야 하고 건물 골조(건물의 뼈대)를 용접하는 것도 높은 곳에서 하기 때문에 그만큼 위험하고 힘든 일이지요.

일본 건설업체들은 이런 문제점을 해결하기 위해서 건물 철골을 따라 올라가는 초대형 로봇 크레인을 설치하고 용접 작업을 자동화하는 공법을 쓰고 있어요. 초대형 로봇 크레인은 끌어올린 철골을 자동 용접하고 볼트 체결 로봇(나사를 조이는 로봇)이 정해진 위치에 조립해서 작업을 완성하지요.

우리나라는 지난 2006년 고려대학교를 총괄 기관으로 '고층 건물 시공 자동화 연구단'을 발족했으며 지능형 타워 크레인, 세계 최초의 볼트 체결 로봇 등 핵심 기술을 개발해 12건의 특허를 출원했어요.

고층 건물의 시공 자동화란

고층 건물을 건설하기 위해 기술자들이 매우 위험한 환경에서 구조물을 조립하던 작업을 로봇이 대신 수행하도록 한 거예요.

◐ 로봇을 이용한 고층 건물 시공 자동화 시뮬레이션

초대형 로봇 크레인과 볼트 체결 로봇을 사용하면 안전사고도 줄일 수 있으며 무엇보다 공사 기간이 줄어든다는 이점이 있어요.

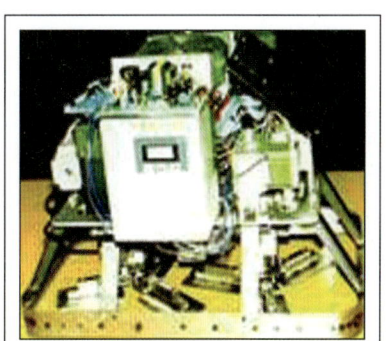

◐ 볼트 체결 로봇

◐ 미장 로봇

이렇게 고층 건물 건설이나 일반 건설에서 활동하게 될 로봇은 앞으로 점점 더 많아질 거예요. 건설 로봇을 사용해 공사 기간도 단축하고 작업 인력도 훨씬 줄일 수 있을 테니까 말이에요.

소행성의 충돌을 막는 로봇이 있나요?

천문학자들은 6~7년을 주기로 태양계를 도는 소행성 '2004MN4'가 지구와 충돌할 수 있다는 전망을 내놓았어요. 만약 이런 일이 실제로 일어난다면 어떻게 될까요?

미국 항공 우주국(NASA)은 이 소행성이 미국 동부 연안에서 1,000km 떨어진 대서양에 떨어지면 17m의 파도가 미국 대륙에 밀어닥칠 것으로 예상하고 있어요. 또 대륙에 떨어지면 히로시마 원자 폭탄의 10만 배에 해당하는 폭발력으로 지각 변동, 대기 오염, 지구 온도 변화 같은 대재앙을 가져올 거라고 예상하고 있지요.

이것은 단지 소행성 2004MN4만의 문제는 아니에요. 지구 근처에는 지름 1km 이상 되는 소행성의 수가 900~1,200개에 달하는 것으로 추정되고 있는데, 이중 어느 행성이 언제 떨어질지 모르니까요.

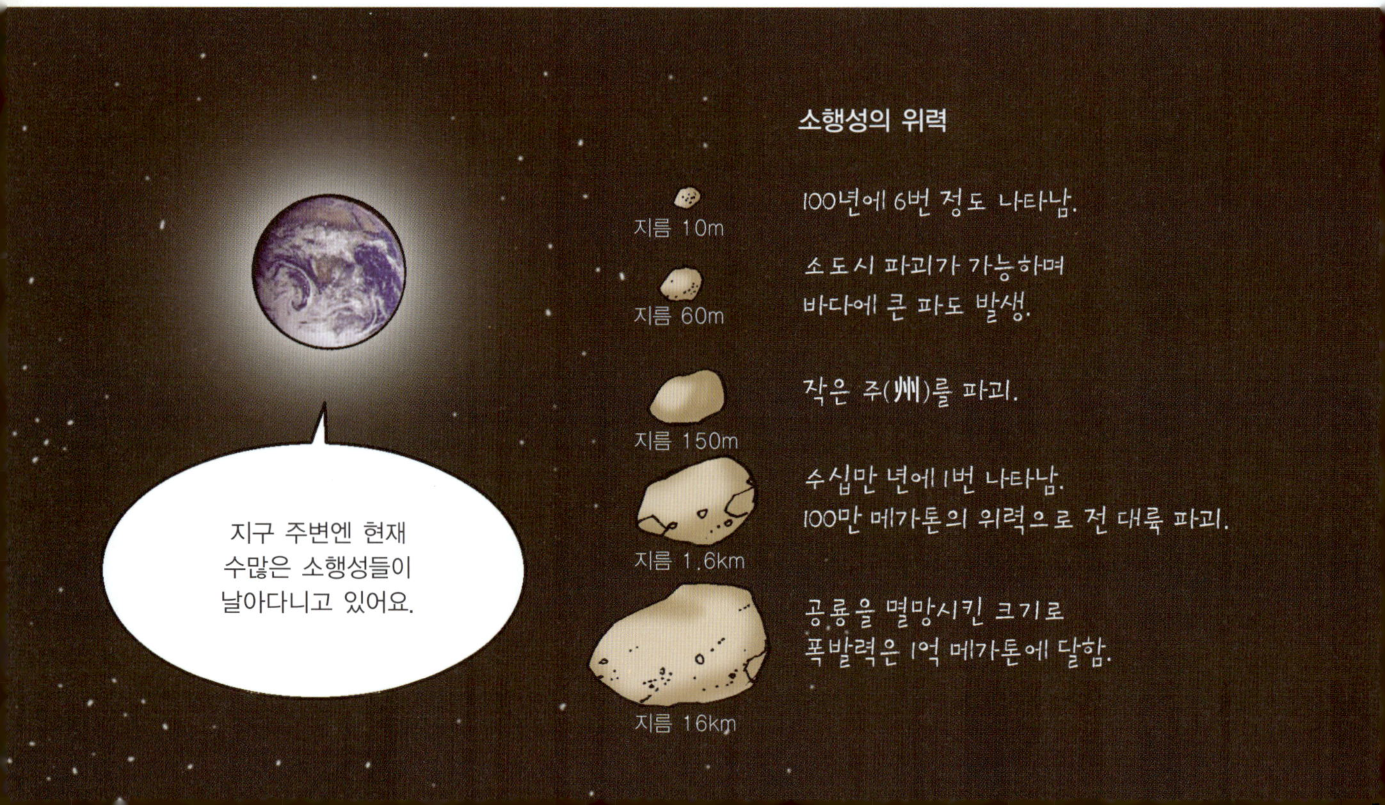

지구 주변엔 현재 수많은 소행성들이 날아다니고 있어요.

소행성의 위력

- 지름 10m — 100년에 6번 정도 나타남.
- 지름 60m — 소도시 파괴가 가능하며 바다에 큰 파도 발생.
- 지름 150m — 작은 주(州)를 파괴.
- 지름 1.6km — 수십만 년에 1번 나타남. 100만 메가톤의 위력으로 전 대륙 파괴.
- 지름 16km — 공룡을 멸망시킨 크기로 폭발력은 1억 메가톤에 달함.

핵폭탄으로 소행성을 폭파시키는 장면이 나오는 영화 '아마겟돈'이나 우주선을 혜성에 충돌시키는 '딥 임팩트'처럼 핵폭탄을 설치하거나 핵미사일을 명중시켜 소행성을 산산조각 내야 할까요?

그러나 이것은 그다지 적절한 방법이 아니라고 해요. 왜냐하면 조각난 소행성의 진로가 어떻게 바뀔지 몰라 지구에 더 큰 위협이 될 수도 있기 때문이지요.

그렇다고 소행성이 지구와 충돌하도록 그냥 내버려 두면 안 되겠지요? 이럴 때 바로 지구를 지키는 독수리 오 형제와 비슷한 소행성 충돌 방지 로봇이 활약을 하는 거예요.

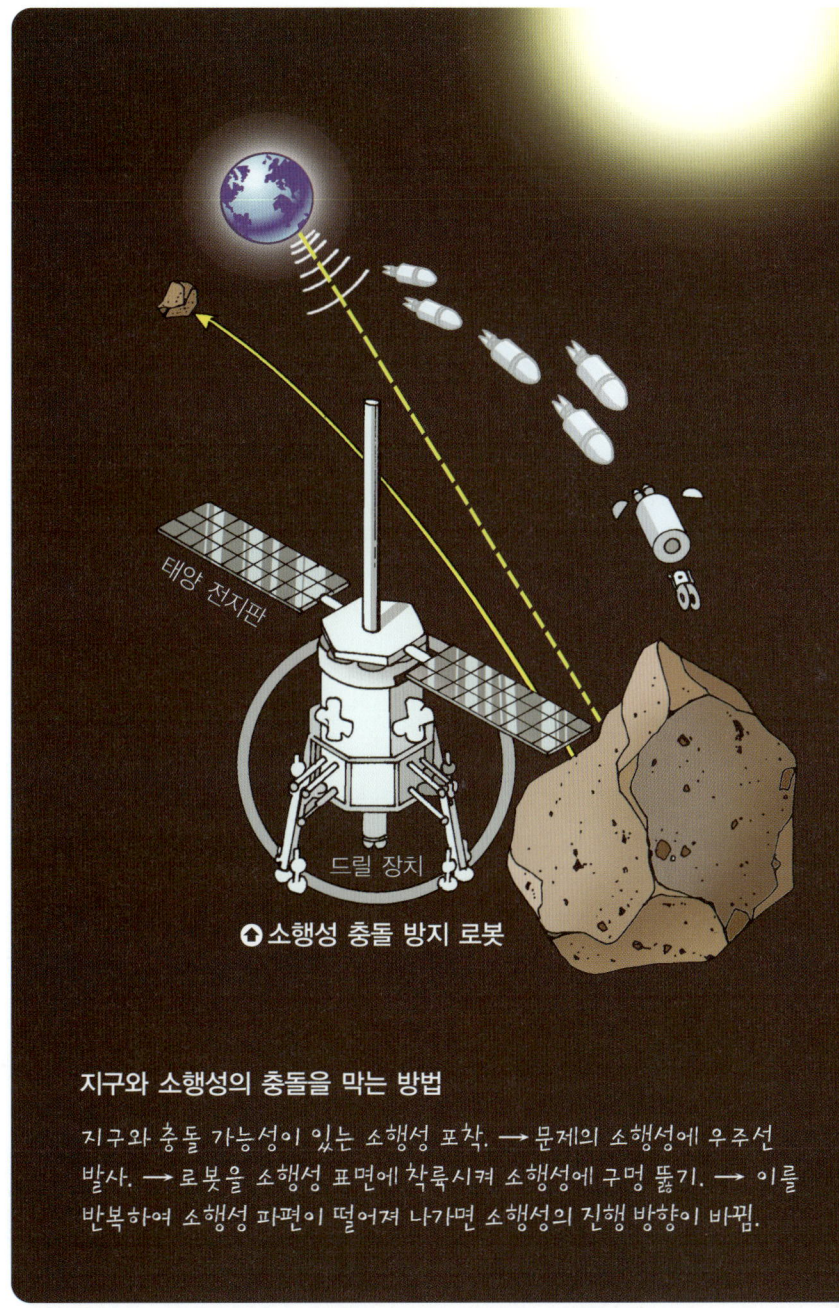

지구와 소행성의 충돌을 막는 방법

지구와 충돌 가능성이 있는 소행성 포착. → 문제의 소행성에 우주선 발사. → 로봇을 소행성 표면에 착륙시켜 소행성에 구멍 뚫기. → 이를 반복하여 소행성 파편이 떨어져 나가면 소행성의 진행 방향이 바뀜.

로봇 기자가 등장했다고요?

사방에 지뢰가 널려 있고 총알이 날아다니는 전쟁터. 그곳의 상황을 알리기 위해서 기자가 카메라를 들고 취재를 하고 있어요. 이렇게 전쟁터를 취재하는 기자들을 '종군 기자'라고 하는데, 그들은 목숨을 위협 받는 순간에도 전쟁터의 상황을 알리기 위해 애쓰고 있지요.

그런데 사람을 대신해 위험한 전쟁 취재 활동을 할 취재 로봇이 등장했어요. 미국 매사추세츠공과대학의 크리스 칙스젠트미할리가 개발한 로봇 종군 기자의 이름은 '아프간 익스플로러'지요.

그리고 목숨을 걸고 취재할 전시 상황이 아니더라도 다큐멘터리 같

○ 취재 로봇 아프간 익스플로러

아프간 익스플로러는 위험 지역 취재를 전담하는 로봇 기자로 앞에 모니터가 달려 있어요. 큼직한 바퀴로 험한 산길도 쉽게 돌아다니며 실시간 위성 영상 전송과 위치 확인 기능이 있어 어느 전쟁 지역에서도 취재 활동을 할 수 있어요.

은 보도 촬영 분야에서 활동하는 무인 로봇도 있어요. 무인 로봇 덕분에 야생 동물의 생태를 알아보기 위해 몇 주일씩 초원이나 야생의 숲 속을 돌아다닐 필요도 없고, 재난 현장이나 집회 장소의 취재도 부담없이 할 수 있게 됐지요. 한걸음 더 나아가 원격 조정이 되는 소형 비행선에 카메라를 설치할 경우에는 장소에 구애를 받지 않고 어느 곳이든지 촬영이 가능하답니다.

연예인 로봇이 있다고요?

로봇을 만든 이유 중에 하나가 인간에게 즐거움을 주기 위해서예요. 그런 의미에서 본다면 연예인 로봇이야말로 로봇을 만든 이유가 확실한 로봇이기도 하지요. 왜냐하면 연예인 로봇을 통해 즐거움을 얻을 수 있으니까요.

2002년에 미국에서 만든 시코 밀레니아는 시코 로봇 시리즈 중 하나예요.

시코 로봇 시리즈 중 가장 발전된 형태인 시코 밀레니아는 텔레비전에 등장하기도 하고 도우미 활동도 해요. 또 영화 배우 조합에 소속된 유일한 로봇이지요.

시코 밀레니아는 허리와 머리, 몸통을 춤 동작에 맞춰 반대 방향으로 유연하게 회전할 수 있어요. 즉, 춤을 잘 춘다는 얘기지요.

실제 노래를 부른 가수는 따로 있지만 입 모양과 감정 처리 등을 완벽하게 한다네요.

세계 최초의 인간형 가수 로봇 에버-2는 키 160cm에 몸무게 50kg으로 한국의 보통 여성을 모델로 만들어졌어요.

○ 안드로이드 '에버-2'

안드로이드의 인공 피부는 실리콘을 이용해 인간의 피부와 비슷하게 만들지요.

　시코 로봇 시리즈는 연예인 로봇들로 각종 회의나 이벤트에서 도우미 역할을 하는 목적으로 설계됐어요. 대본을 보고 쇼를 진행하기도 하고, 그들을 조종할 전문 배우에게 고용되기도 하지요. 시코 로봇들은 자신의 이름으로 된 아메리칸 익스프레스 카드도 갖고 있답니다.

　그런데 우리나라에 인간의 모습을 한 세계 최초의 인간형 가수 로봇이 등장했어요. 2006년 10월, 세계 최초의 인간형 가수 로봇인 '에버-2'가 '눈감아 줄게요'라는 노래로 정식 가수 데뷔를 했지요. 에버-2는 풍부한 감성도 표현하고 다양한 동작도 할 수 있는 여성형 로봇이에요. 또, 2006년 12월에는 우리나라의 휴머노이드 로봇 '휴보'가 가수 김장훈과 함께 공연하기도 했답니다. 휴보는 태극권 동작과 랩댄스도 보여줄 수 있다고 해요.

몸이 불편한 사람을 로봇이 도울 수 있나요?

사람은 누구나 불편한 몸을 갖게 될 수 있어요. 몸이 불편할 때 도와줄 사람도 없다면 어떻게 될까요? 사람이 아닌 로봇이라도 도와준다면 정말 좋겠지요? 바로 이럴 때 몸이 불편한 사람을 돕는 재활 로봇이 필요하지요.

재활 로봇에 대한 관심은 일본뿐만 아니라 우리나라도 많아요. 그

> 멜독은 카메라 장치가 있어 마치 맹인 인도견처럼 앞을 바라보면서 장애물이 없는 인도를 따라 굴러가기 때문에 시각 장애인이 안전하게 길을 갈 수가 있어요.

○ 시각 장애인 안내 로봇 '멜독'

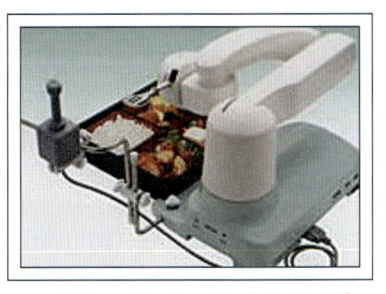
◐ 식사 도우미 로봇 '마이스푼'

마이스푼은 식탁에 고정된 로봇 팔에 숟가락과 포크가 달려 있어 손을 쓰지 못하는 장애인들이 원하는 음식을 먹을 수 있도록 도와줘요.

래서 만들어진 게 휠체어 로봇인데, 휠체어 로봇은 손이나 다리를 쓰지 못하는 장애인이 어떻게 움직이고 싶어하는지 파악하여 움직여 주지요. 또 보행 보조 로봇도 있는데, 힘이 떨어진 노인과 장애인이 집안에서나 바깥에서 안전하게 걸어 다닐 수 있도록 사용자를 부축해 주는 재활 로봇이랍니다.

도움 없이 맘대로 아무데나 갈 수 있어서 좋아.

◐ 우리나라에서 개발된 '보행 보조 로봇' (2007년)

로봇이 추운 남극에서 무슨 일을 해요?

지구 자전축의 남쪽 끝, 그곳이 바로 남극이에요. 남극은 최저 기온이 영하 89.6℃이고 평균 기온이 영하 55℃로, 아주 추운 곳이지요. 너무 추워서 감기 바이러스조차 살지 못한대요. 또 '블리자드'라고 하는 찬바람과 함께 눈보라가 자주 나타나는 곳이기도 한답니다.

이렇게 독특한 자연 환경을 갖고 있음에도 불구하고 많은 국가가 남극에 대해 관심을 쏟고 있는 이유는 남극이 오염되지 않은 천연의 실험장이며 막대한 보존 자원을 갖고 있기 때문이에요. 하지만 자연적인 조건이 좋지 못한 남극을 탐험하는 것은 쉬운 일이 아니지요. 그래서 남극 탐사 로봇이 필요했답니다.

○ 남극 탐사 로봇 '노마드'

노마드는 자체 센서를 이용해 물체를 찾고 그것이 외계의 원시 운석인지 아니면 평범한 돌덩어리인지 구별하는 일을 해요.

미국 카네기멜론대학에서 개발한 로봇 로버(배회자) 중에 하나인 '노마드' 로봇이 남극 탐사에 나섰어요. 노마드는 전기 전자 장비로 무장한 무게 725kg에 4개의 바퀴가 달린 로봇으로, 1m 높이의 장애물을 넘을 수 있고 초속 45cm로 이동한답니다.

피아노를 치는 로봇도 있나요?

○ 와봇 2호

세계 최초로 사람 크기의 휴머노이드 로봇을 개발한 일본 와세다대학의 이치로 가토 교수가 1984년에 기능이 향상된 와봇 2호를 발표했어요.

안타깝게도 와봇 2호는 걸을 수는 없지만 악보를 읽고, 전자오르간을 연주하고 노래도 부를 수 있어요.

무대 위에서 멋진 피아노 연주가 진행되고 있어요. 연주곡은 바하의 'G선상의 아리아'예요. 연주가 끝나자 피아니스트의 모습이 공개됐어요. 어, 그런데 사람이 아니네요?

피아노를 연주한 것은 일본 와세다대학에서 만든 피아노 연주 로봇인 '와봇 2호'예요. 와봇 2호가 'G선상의 아리아'를 연주한 것은 NHK 심포니 오케스트라와 협연을 통해서였지요.

와봇 2호는 악보를 읽어 열 손가락과 두 발로 피아노를 연주할 수 있어요. 또한 청각 기능이 있어 가수의 노랫소리에 따라 반주 속도를 스스로 조절할 줄도 알지요.

그리고 2002년 12월, 소니 사에서는 휴머노이드 로봇인 '큐리오'를 발표했어요. 키 60cm, 무게 7kg의 두 발 로봇인 큐리오는 넘어져도 손을 집고 일어서는가 하면, 흔들리는 스노보드 위에서 중심을 잡을 수도 있지요. 그리고 도쿄 교향악단의 연주를 지휘해 청중들의 박수 갈채를 받기도 했답니다.

또, 토요타 사에서 개발한 휴머노이드 로봇 '파트너'는 트럼펫을 연주해 사람들을 깜짝 놀라게 했지요.

○ 춤추는 큐리오

○ 휴머노이드 로봇 '큐리오(QRIO)'
키 60cm, 몸무게 7kg

자전거를 타는 로봇이 있나요?

'따르릉~ 따르릉~ 비켜 나세요.'

로봇이 자전거를 타고 있어요. 로봇은 보통 서 있거나 걷는 게 고작이었지만 다리 관절을 구부려 자전거를 타는 로봇도 등장했지요.

자전거 타는 로봇은 일본 무라타 공업 사에서 개발한 것으로, 로봇의 이름은 '무라타세이사쿠-군'이에요. 이 로봇을 개발하기 위해 무라타 공업 사에서는 4,500만 원을 들였지요. 이 로봇은 2006년, 동경

◎ 일본에서 개발된 자전거 타는 로봇 '무라타세이사쿠-군'

무라타세이사쿠-군은 키 50cm에 몸무게가 5kg 밖에 되지 않지만 가슴에 붙어 있는 원반을 회전시킴으로써 평형감각을 유지하고 이 힘을 통해 서 있는 자세를 유지할 수 있어요.

25° 경사, 2cm폭의 비탈길을 올라가서 멈춰 설 수 있으며

S 곡선을 따라 이동할 수 있을 만큼 균형감각이 뛰어나요.

국제 정보 통신 박람회에서 비로소 사람들에게 모습을 드러냈답니다. 또, 2007년에는 우리나라의 휴머노이드 로봇 휴보가 로봇전용 스쿠터인 '휴보웨이'를 타는 모습을 선보이기도 했지요.

운전하는 사람 없이 자동차가 달릴 수 있나요?

280km의 사막 구간에서 벌어지는 자동차 랠리인 다르파 그랜드 챌린지. 이 대회는 미국 국방부의 핵심 연구 개발 기관인 다르파(DARPA)가 주관하는 로봇 자동차들의 사막 횡단 경기예요.

다르파는 미국 국방성 소속 연구 개발 부문 중 하나인데, 주로 무인 로봇 차량을 연구해요. 여기서 만든 로봇 차량은 인공 지능 센서인 GPS 시스템을 통해 계곡과 구덩이, 강 등의 지형 지물을 파악하고 각 장애물을 통과할 가장 좋은 길을 자기가 스스로 알아서 찾아가지요. 또 컴퓨터 카메라는 자동차 앞에 위치한 사람이나 동물 혹은 다른 자동차들을 찾아내 위험을 미리 예방하기도 한답니다.

2005년, 다르파 그랜드 챌린지 결승전에서는 사막의 모래 바람을 뚫고 스탠포드대학 레이싱 팀 소속 로봇 차량인 '스탠리'가 완주를 했어요. 또, 우리나라에서는 고려대 산업공학과에서 개발한 무인 자동차가 경부 고속도로에서 주행 실험을 하기도 했답니다.

이러한 무인 로봇 차량 기술은 군사적 측면뿐 아니라 교통사고 방지를 위한 민간 부문에서도 응용이 기대되는 기술인만큼, 실용화가 기대되고 있지요.

◐ **무인 로봇 차량 스탠리**
이런 무인 자동차는 일반 사람들이 타기 위한 게 아니라 군사용으로 만들어지는 경우가 많아요.

◐ **카네기멜론대팀의 무인 로봇 자동차 '모래 폭풍'**

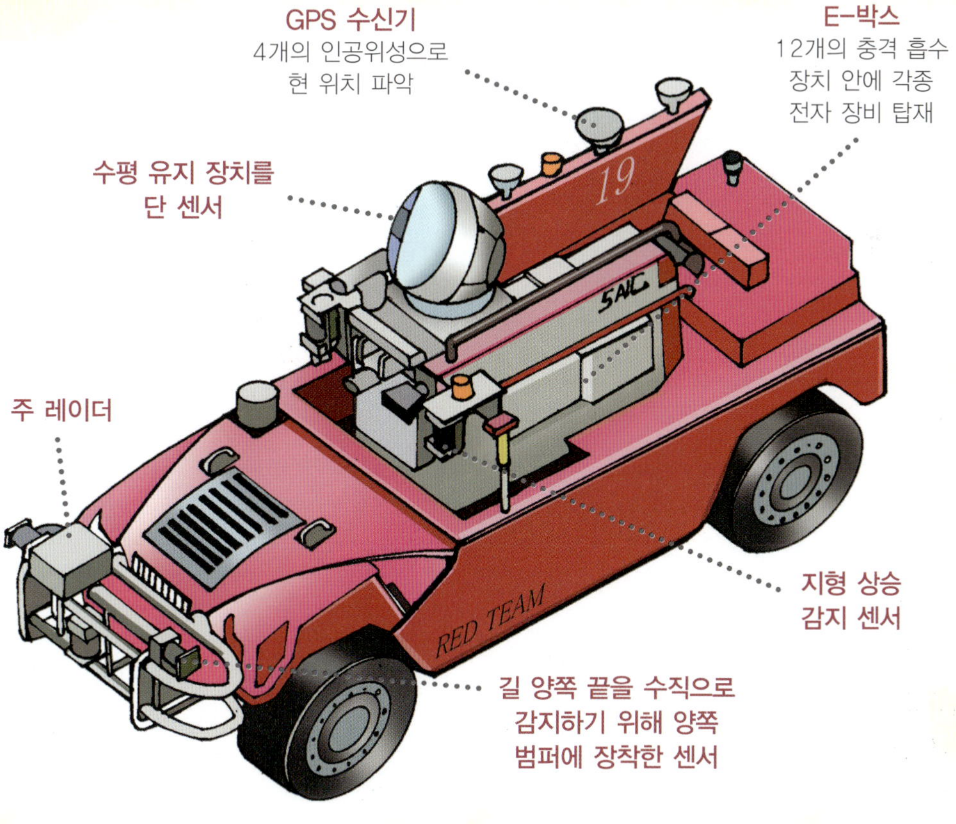

GPS 수신기
4개의 인공위성으로 현 위치 파악

E-박스
12개의 충격 흡수 장치 안에 각종 전자 장비 탑재

수평 유지 장치를 단 센서

주 레이더

지형 상승 감지 센서

길 양쪽 끝을 수직으로 감지하기 위해 양쪽 범퍼에 장착한 센서

또 다른 무인 로봇 자동차인 '모래 폭풍'의 구조예요.

로봇이 무너진 건물 속에서 사람을 찾았다고요?

뜨거운 불길과 매캐한 연기 속에 사람이 쓰러져 있어요. 불길도 불길이지만 연기 속에는 사람의 목숨을 위협하는 유해 물질이 들어 있어 소방관들도 쉽게 접근하지 못하고 있었지요. 바로 이때 로봇이 나타나 집게발로 쓰러진 사람을 끌어 올려 위험 속에서 무사히 구출해 냈답니다.

○ 일본의 인명 구조 로봇 '로보-Q'

로보-Q는 길이 4m, 폭 1.7m의 크기로 소방관이 접근할 수 없는 화재 지역에 쓰러진 사람을 집게발로 끄집어 올린 후 실어 나르도록 제작됐어요.

그런데 '로보-Q'가 구하지 못하는 공간에서는 누가 위험에 빠진 사람을 구해 줄까요? 이럴 때도 걱정하지 않아도 돼요.

미국 노스캐롤라이나대학 전기 공학도들이 만든 로봇 애벌레는 지진이나 폭발로 무너진 건물에 갇힌 생존자들을 손쉽게 찾아낼 수 있게 만들어졌어요.

🔼 모카신 2

초소형 전등과 비디오 카메라, 마이크를 갖추고 있기 때문에 폐허 속에서도 생존자의 목소리를 바깥으로 전해 줄 수 있답니다.

길이 1m, 폭 15cm에 세 마디로 이루어진 로봇 애벌레 '모카신 2'예요. 지진이나 폭발로 무너진 건물에 갇힌 생존자들을 손쉽게 찾아낼 수 있게 만들어졌어요.

'모카신 2'는 압축 공기로 움직이는데 가스관이나 수도관, 하수관 내에서 기어다니며 생존자의 신호를 포착해 내요.

'모카신 2'는 진짜 애벌레가 기어다니는 원리를 로봇의 기술에 그대로 적용했어요. 그래서 진짜 애벌레처럼 밀고 당기고, 밀고 당기고를 반복한답니다.

로봇 경찰한테 걸리면 꼼짝 못 한다고요?

서울 노원구가 개발한 하수관 탐사 로봇은 최첨단 기술이 들어가지 않았으면서도 실생활에서 유용한 실용 로봇이에요. 수질 오염의 원인과 오수관을 조사하는 데 사용하는 이 로봇은 사람이 들어가기 어려운 하수관에 들어가 관의 파손이나 수질 오염을 일으키는 원인을 정밀 촬영하지요.

그런데 2007년, 어느 도둑이 하수관 탐사 로봇에 의해 잡혔어요. 핸드백을 훔쳐 도망가던 도둑을 사람들이 붙잡으려 하자 도둑은 옷을 벗고 하수관 밑으로 도망을 갔어요. 하수관이 여러 갈래로 나눠져 있

◑ 한국의 하수관 탐사 로봇
무게 15kg, 길이 60cm

하수관 탐사 로봇은 보통 하수관 내부를 돌아다니며 물이 새는 지점과 불량 부위를 파악해 모니터로 화면을 전송하는 일을 하는데, 하수관을 돌아다니며 하수관 속에서 떨고 있는 도둑도 잡았어요.

유비코는 건물 내를 순찰하는 순찰 로봇으로 무게 60kg, 길이 113cm로 화재나 흡연을 탐지하는 일을 해요.

일본의 화재·흡연 순찰 로봇 유비코 ◐

기 때문에 어느 곳으로 도망갈지 모르는 상황이었지요. 이때 경찰은 근처의 하수관 구멍을 모두 막고 하수관 탐사 로봇을 하수관으로 투입시켰답니다.

이런 순찰 로봇은 일본에도 있어요. 일본의 순찰 로봇은 화재나 흡연을 탐지하는 로봇으로 흡연과 연기 냄새를 잘 맡을 수 있는 후각 센서를 갖고 있지요. 이 로봇만 있다면 순간의 실수로 일어나는 화재나 흡연으로 일어나는 화재를 미리 막을 수 있으니 우리에게 정말 많은 도움이 되겠지요.

허수아비를 대신하는 로봇이 있나요?

영국의 항구 도시 리버풀 시. 리버풀 시는 2008년 유럽 문화의 수도로 선정된 뒤 치솟은 인기에 발맞춰 최고의 모습을 보여 주기 위해 애쓰고 있어요. 하지만 안타깝게도 리버풀 시의 아름다운 경관을 해치는 게 하나 있지요. 그것은 바로 비둘기랍니다.

◯ 비둘기 때문에 경관이 망가진 영국 리버풀 시

사람들이 먹다 남은 과자 부스러기를 던져 주면서 리버풀 시는 비둘기 천국이 됐어요. 비둘기는 사람에게 덤벼들고 사방에 배설물을 남기는 등 도시의 미관을 해쳐 사람들의 인상을 찌푸리게 했지요.

리버풀 시는 이런 문제를 해결하기 위해 두 가지 방법을 제시했어요. 첫 번째 방법은 비둘기에게 먹이를 주지 말자는 것이었고, 두 번째 방법은 기계 새를 이용해 비둘기가 접근할 수 없게 만드는 것이었지요. 그래서 생각해 낸 게 바로 로봇 매예요. 로봇 매는 영국 스코틀랜드 동부 로디언 주 트라넌트에서 제작됐으며, 2002년에 생산된 이래 전 세계에 설치되고 있지요.

◐ 비둘기 퇴치용 로봇 매 '로봅'

로봇이 동물의 진화 과정을 알려 준다고요?

아주 먼 옛날, 지구에는 수상 동물들이 살고 있었어요. 그런데 지각 변동이 생기면서 바다가 육지로 변하고 수상 동물들도 육지로 올라오게 됐지요. 바다에서 숨 쉬며 헤엄치고 다니던 수상 동물들은 육지에서 숨쉬고 움직일 수 있도록 진화했답니다.

수상 동물이 어떻게 육상 동물로 진화했는지 그 과정을 연구하는 과학자들은 양서류의 조상인 원시 동물들에 관심을 갖고 있었어요. 원시 동물은 하나의 신체 구조로 바다와 육지 모두에서 살아갈 수 있는 동물들이었으니까요. 이들이야말로 수상 동물이 육상 동물로 변화하는 과정을 밝혀 줄 적합한 생명체라고 과학자들은 생각했지요.

예전에는 이런 궁금증을 해결하기 위해 화석 같은 것을 연구했는데, 이제는 좀 더 본격적인 연구가 진행될 수 있을 것 같아요. 왜냐하면 원시 동물의 진화 과정을 밝혀 줄 도마뱀 로봇이 발명됐거든요.

스위스 로잔공과대학과 프랑스 보르도대학 연구팀은 도롱뇽과 매우 비슷한 척추 구조를 가진 로봇을 개발했어요. 그 로봇의 이름은 도마뱀의 학명을 본떠 '살라만드라 로보티카' 로 지어졌지요.

○ 도마뱀 로봇 '살라만드라 로보티카'

살라만드라를 만든 연구팀은 로봇의 척추를 만든 뒤 로봇 뇌에 전기 신호를 보내 움직임을 만들어 내는 방식으로 뇌와 뼈의 관계를 재현, 로봇이 물에서 헤엄을 치고 땅 위를 걷게 하는 데 성공한 것이지요. 이로써 수상 동물이 어떻게 육상 동물로 진화했는지 알 수 있을 거예요.

상어를 무서워하지 않는 물고기가 있다고요?

독도에서 멀리 떨어진 바다. 그 곳에 이상한 물고기 한 마리가 등장했어요. 이 물고기는 상어가 가까이와도 도망갈 생각을 안 하고 그저 바다 속 곳곳을 누비며 무언가를 열심히 관찰하고 있지요. 이 물고기의 이름은 '로피(ROFI)'예요. '로봇(Robot)'과 '물고기(Fish)'를 합친 이름으로, 로피는 국내에서 최초로 만든 로봇 물고기지요.

그동안 로봇 물고기에 대한 연구는 주로 미국을 중심으로 진행돼

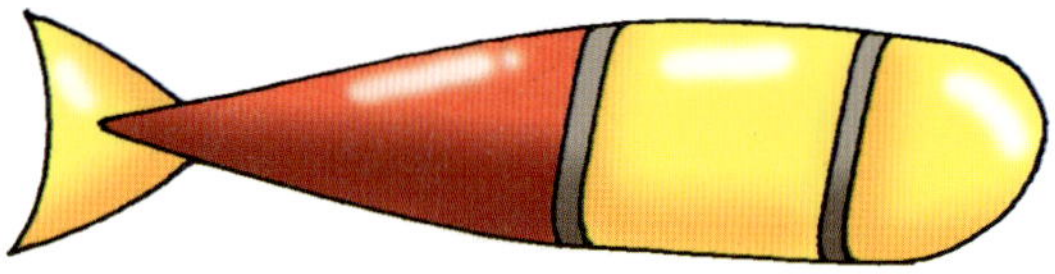

로피는 참치와 크기, 모양이 비슷하게 생겼어요.

◐ 국내 최초 로봇 물고기 '로피'
길이 94cm, 무게 12kg

지금까지 개발된 로봇 물고기는 꼬리의 움직임을 부드럽게 하기 위해 몸통을 두세 부분으로 나누어 부위별로 동력원을 넣었지만 로피는 각각의 뼈마디를 철사로 잇고 몸통을 하나로 만든 다음 동력 장치를 이용해 몸통이 좌우로 움직이게 만든 것이지요.

로봇 물고기는 진짜 물고기와 겉으로 보이는
모양뿐만 아니라 뼈와 근육의 움직임도 비슷해요.

몸통
몸통의 중심이
되는 등뼈.
관절은 15개이다.

꼬리
수면과 직접 접촉해
추진력을 발생시킨다.
참치 꼬리의 모양을
모방했다.

뼈마디를 철사로 이어 몸통을
하나로 만들었어요. 실제 물고기의
움직임에서 힌트를 얻었답니다.

머리
동력 장치가 달려 있다.
외부의 무선
송신기로부터 신호를
전달 받아 등뼈에 좌우
방향으로 힘을 전달한다.

왔어요. 세계 최초의 로봇 물고기도 1995년에 미국의 매사추세츠공과 대학에서 만든 '찰리'이지요. 일본도 이에 뒤질세라 미쓰비시 조선소에서 연구 목적의 로봇 물고기를 개발한 적이 있답니다.

이처럼 각 나라에서 로봇 물고기를 만드는 이유는 바로 미래의 잠수정이 로봇 물고기로 바뀔 것이기 때문이에요. 160만 년이라는 오랜 세월 동안 바닷속에서 진화해 온 물고기야말로 물속에서 움직이는 데 가장 적합한 형태이니, 물고기의 움직임을 본뜬 로봇 물고기를 만드는 데 노력을 기울이는 게 당연하겠지요.

◐ 일본의 로봇 물고기 '시라칸스'

◐ 최초의 로봇 물고기 '찰리'

표정이 다양한 로봇이 있다고요?

로봇이 울고 웃고 화내는 등 감정을 표현한다면 정말 사람과 비슷해지겠지요?

매사추세츠공과대학의 신시아 브리질 박사는 2001년에 얼굴 로봇인 '키스멧'을 발표했어요. 터키어로 '행운'을 의미하는 말에서 이름 붙여진 키스멧은 분홍색 귀와 고무 입술 그리고 커다랗고 파란 눈을 가진 얼굴만 있는 로봇이지요.

이처럼 얼굴 로봇은 날로 발전하고 있어요. 텍사스대학의 데이비드

◐ 대화 중인 키스멧

> 키스멧은 사람과 대화가 가능한 로봇으로 간단한 목소리를 알아들을 수 있고 명령에 따라 말을 합성할 수 있는 기능을 갖고 있어요.

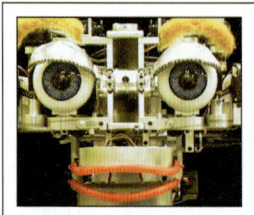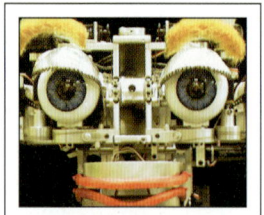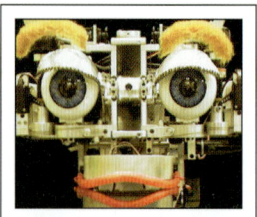
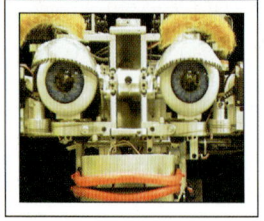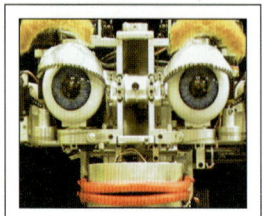

◐ 말을 합성할 때의 키스멧

카메라(눈)의 방향 조정

카메라(눈)

입

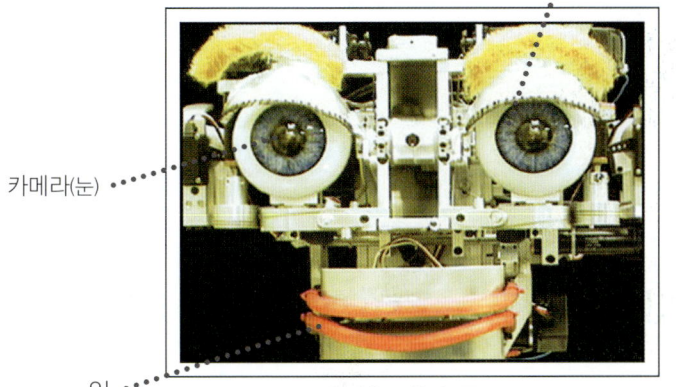

● 키스멧의 구조

키스멧은 파란 눈 뒤에 있는 카메라가 컴퓨터로 자료를 보내면 컴퓨터에 있는 소프트웨어를 이용해 사람과 밝은 색깔의 인형 등을 시각적으로 분간할 수 있어요.

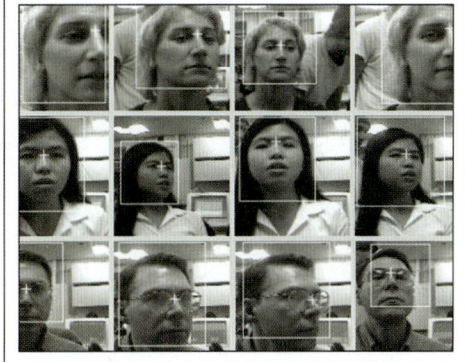

키스멧의 눈에 비친 사람들

얼굴 로봇인 키스멧은 여러 가지 감정을 나타낼 수 있는데 이 모든 것은 15개의 통합 컴퓨터 덕분이래요.

 기쁨 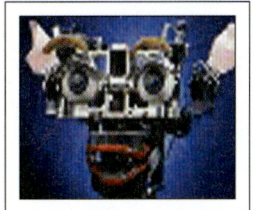 화남 놀람 슬픔

핸슨이 개발한 'K-bot'은 24개의 인공 근육을 이용해 웃음, 비웃음, 눈썹 찡그리기 등의 28가지 얼굴 표정을 만들어 낼 수 있지요. 우리나라의 한국과학기술원에서 개발한 '알버트 휴보'는 30여 개의 얼굴 근육으로 다양한 표정을 지을 수 있답니다.

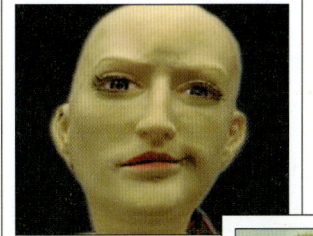

K-bot

24개의 근육으로 28가지 얼굴 표정을 만들 수 있어요.

스스로 에너지를 채우는 로봇이 있다고요?

현재까지 만들어진 모든 로봇은 에너지가 떨어지기 전에 사람에게 에너지를 보충 받아야 했어요. 그렇지 않으면 연료나 전기가 모두 떨어져 버려서 기능이 멈춰 버리지요.

사실 인간이 로봇을 통제하는 가장 효과적인 방법은 전원을 끊어 버리는 거예요. 명령을 듣지 않는 로봇이 있으면 조용히 배터리를 빼거나 전기 코드를 뽑으면 되지요. 주인이 로봇 가동에 필요한 에너지를 주지 않으면 아무리 똑똑하고 힘센 로봇도 한낱 고철 덩어리에 불과하답니다.

그런데 자기 스스로 자신의 에너지원을 찾는 로봇이 생겼어요. 그

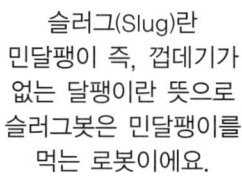
슬러그(Slug)란 민달팽이 즉, 껍데기가 없는 달팽이란 뜻으로 슬러그봇은 민달팽이를 먹는 로봇이에요.

◐ 민달팽이(Slug)

◐ 슬러그봇

껍데기 없는 것도 서러운데 슬러그봇은 민달팽이가 활동하는 밤마다 밭을 누비며 적색 광선을 비춰 달팽이 특유의 빛을 내뿜는 물체를 발견하면 로봇 팔로 잡아 자체 발효 탱크에 넣어서 발생하는 메탄가스를 에너지로 쓴답니다.

로봇의 이름은 '슬러그봇'이라고 하는데, 영국 웨스트 잉글랜드대학에서 만들었지요.

로봇은 아주 많은 전력을 소비하기 때문에 에너지 고갈의 1등 공신이 될 거라는 걱정이 있었어요. 하지만 슬러그봇과 같은 로봇이 많이 생긴다면 그런 걱정은 필요 없을 거예요.

슬러그봇은 민달팽이를 먹으며 힘을 얻지만, 미래에는 우리처럼 밥을 먹으며 힘을 얻는 로봇이 나올지도 몰라요.

사람의 도움 없이 로봇끼리 살 수 있나요?

포식자 로봇이 즐겨 먹는 먹이는 로봇 본체 안에 저장된 충전식 배터리예요. 불쌍한 먹이 로봇들은 포식자 로봇을 피해 다니며 경기장 곳곳에 숨겨진 전기 공급원을 찾느라 정신이 없답니다.

영국 북부 로더럼 지역에 위치한 마그나 과학 센터에서는 로봇 생태계와 관련된 역사상 가장 흥미로운 실험이 진행되고 있어요. 이곳에서는 열두 마리의 지능 로봇들이 포식자 로봇과 먹이 로봇으로 나뉘어 매일 치열한 서바이벌 게임을 벌이고 있지요. 지능을 갖춘 로봇이 단체 생활을 하면 어떻게 될까를 연구하고 있는 것이랍니다.

이처럼 살아 있는 로봇 생태계의 진화 모습을 보기 위해 매일 많은 관람객들이 마그나 과학 센터를 찾고 있어요.

그런데 이곳에서 놀라운 사건이 일어났어요. 한 포식자 로봇이 경기장을 몰래 빠져나가 수백 미터나 떨어진 과학 센터 출구까지 도망을 서바이벌 실험을 위해 먼저 일정한 공간에 여러 대의 지능 로봇을 풀어놓아요. 로봇들은 특정 임무를 수행해야 새로운 먹잇감(배터리)을 차지 할 수 있기 때문에 상대 로봇 무리와 끊임없이 생존 경쟁을 벌여요.

이러한 과정에서 포식자 로봇들은 어떻게 하면 먹이 로봇의 전기를 빼앗을 수 있을까 고민하다가 먹이 사냥 방법을 깨우치고, 여러 대의 포식자 로봇이 힘을 합치면 먹이 로봇을 더 쉽게 잡을 수 있다는 것도 알게 됐지요.

친 거예요. 본래 평평한 경기장에서만 움직이게 설계된 로봇이 어떻게 계단과 복잡한 복도를 지나서 도망갔는지 센터 관계자들은 모두 놀라고 있지요. 아마도 매일 같이 반복되는 서바이벌 게임을 통해 포식자 로봇의 지능이 인간이 생각하고 있는 것보다 훨씬 더 발전한 것은 아니었을까요?

조금만 가면 바깥 세상인데, 아쉽다.

숨바꼭질 대장인 로봇이 있다고요?

> 숨바꼭질하자, 응? 내가 술래 할게.

> 싫어. 너는 첨단 장비로 날 쉽게 찾겠지만 난 널 찾기 어렵단 말이야. 너랑은 이제 안 할래.

 로봇이 아주 많아지면 로봇과 놀 수 있는 날도 올 거예요. 하지만 숨바꼭질은 절대 하지 마세요. 특별 훈련을 받은 스나이퍼(저격수)도 잡는 로봇이 나왔으니까요.
 자신의 위치를 숨기고 은밀히 적을 공격하는 스나이퍼는 전장에서 무척 두려운 존재예요. 하지만 이제 더 이상 스나이퍼들을 두려워할 필요가 없어졌지요. 첨단 광학 기술과 음향 기술을 사용해서 꼭꼭 숨어 있는 스나이퍼를 찾아내 아군에게 알려 주는 저격수 탐지 로봇 '레

저격수 탐지 로봇인 레드아울은 1.6km 반경 내에서 작은 소음이라도 발생하면 마이크로폰과 줌 카메라로 저격수의 위치를 정확히 찾아 낸답니다.

또한 위성항법장치(GPS)와 나침반, 레이저 거리 측정기를 장착하고 있어 최대 915m 거리의 목표물 위치를 계산해 아군을 도와주지요.

❶ 청각 장치

총소리가 4개의 마이크로폰(1)을 통과하면 처리 장치에서 데이터를 분석해 소리의 정확한 근원지를 파악해요. 발사된 총소리만으로 적군과 아군을 구별할 수 있어요.

❷ 시각 장치

원격 조작자는 중앙 카메라(2)를 통해 레드아울이 움직이는 방향을 파악하고 강력한 줌 카메라(3)로 원격지에서 적의 저격수가 있는지 확인할 수 있어요. 또한 레이저(4)를 통해 1.6km 밖에 있는 목표물을 비출 수 있는데 이 레이저는 적외선이기 때문에 저격수는 본인이 발견된 사실을 알지 못하지만 아군은 저격수를 뚜렷하게 볼 수 있지요.

❸ 계산 능력

레이저 레인지 파인더(5)가 목표물에서 반사된 빔을 이용해 자신의 GPS 위치를 확인하고 자기 나침반을 이용해 시선의 방향을 결정한 뒤 914.4m 떨어진 목표물과의 거리를 정확히 계산해요.

◎ 저격수 탐지 로봇 '레드아울'

드아울'이 개발됐기 때문이랍니다.

미국 인사이트 테크놀로지 사가 개발한 레드아울은 1.6km 반경 내에서 작은 소음이라도 발생하면 4개의 초정밀 마이크로폰과 300배까지 확대되는 줌 카메라로 수 밀리세컨드(1,000분의 1초)내에 스나이퍼의 위치를 정확히 찾아내요.

보병들을 스나이퍼의 공포에서 해방시켜 줄 레드아울의 가격은 대당 15만 달러(약 1억 4,000만 원)예요. 레드아울 한 대로 수백, 수천 명의 생명을 구할 수 있음을 생각하면 결코 비싼 가격은 아니겠지요.

4장
아기자기한 과학 이야기

문화 컨텐츠 전문가인 백성현 교수님이 만든 로봇 박물관은 로봇이 태어나기 전부터 지금의 뛰어난 능력을 갖춘 로봇이 탄생하기 까지의 모든 발달 과정을 보여 주는 세계적인 로봇 박물관이에요. 이곳에는 3,500점의 로봇 작품들이 전시돼 있는데, 특히 세계에서 최초로 공개한 40여 개국의 초기 로봇을 전시하고 있는 것은 우리나라만의 자랑거리지요.

우리나라에 로봇 박물관이 있나요? 중에서

영화에 처음 출연한 로봇은 뭐예요?

미래의 어느 도시. 도시의 이름은 메트로폴리스. 그곳에는 지배하는 사람과 지배당하는 사람만이 있을 뿐이에요. 피지배자인 노동자들은 어둠뿐인 지하 세계에서 강제 노동에 시달리고 있었지요.

어느 날 피지배자들에게 구원의 손길이 돼 주는 한 여인이 나타났는데, 그녀의 이름은 마리아였어요. 하지만 지배자들은 마리아를 가만두지 않았지요. 지배자들은 과학자를 시켜 그녀와 똑같은 로봇을 만들게 했어요. 그리고 이 로봇을 지하 세계로 보내 마리아와 노동자들의 사이를 이간질했답니다.

결국 로봇 마리아는 노동자들에 의해 화형을 당하고 쇳덩어리로 바

◐ 풍요로운 지상 세계

◐ 노동자들의 지하 세계

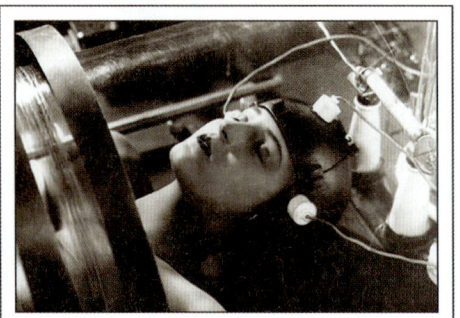

과학자는 진짜 마리아를 잡아 두고 그녀의 얼굴과 몸을 금속 표면에 복제하여 진짜 마리아와 구별하기 힘든 로봇을 만들어요.

◐ 복제되는 마리아

꿰었지만, 진짜 마리아는 탈출해서 노동자들을 구하기 위해 노력을 아끼지 않아요.

이 이야기는 로봇이 등장하는 최초의 영화라고 할 수 있는 '메트로폴리스'의 내용이에요. 1926년에 오스트리아 출신의 독일 사람인 프리츠 랑이 감독한 이 영화는 세계 최초의 본격적인 SF 영화이면서 최초의 여성 로봇 캐릭터가 등장한 영화이지요.

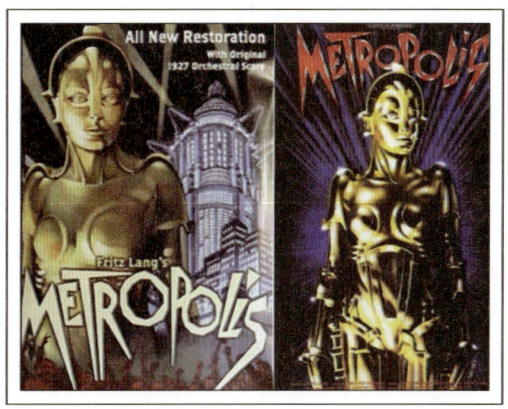

○ 메트로폴리스 포스터와 여성 로봇 마리아

그런데 이 영화에 왜 여성 로봇인 마리아가 등장한 것일까요? 그것은 당시의 시대적인 분위기와 상관있어요.

영화가 만들어질 당시는 제1차 세계 대전이 끝난 뒤였어요. 전쟁을 일으킨 나라들은 국민을 하나로 끌어 모을 수

○ 샤를 7세 대관식의 잔다르크

있는 상징적인 인물이 필요했는데, 거기에 가장 적합한 인물이 15세기 영국과 프랑스 사이의 백년 전쟁에서 기적처럼 프랑스를 구한 시골 처녀 잔다르크였지요. 다시 말해, '메트로폴리스'에 나오는 여성 로봇 마리아는 갑옷을 입고 나라를 구한 처녀 전사인 잔다르크의 모습과 분위기를 그대로 흉내낸 것이랍니다.

영화에 나오는 로봇은 진짜로 있나요?

1977년에 제1편을 선보인 영화 '스타 워즈'. '스타 워즈'는 옛 제다이의 기사인 다스베이더가 이끄는 제국군과 레아 공주가 이끄는 공화국군과의 전쟁을 주 내용으로 한 SF 영화예요. 이 영화에는 사람에게 충성을 다하는 로봇 'R2-D2(알투디투)'와 'C-3PO(씨쓰리피오)'가 등장하지요.

◯ 스타워즈 1편의 한 장면

저는 600만 개의 언어를 구사하는 수다쟁이 통역 로봇 C-3PO(씨쓰리피오)예요.

저는 정보 처리용 로봇 R2-D2(알투디투)예요. 주인공을 도와 여러 가지 궂은일을 해낸답니다.

그런데 이 영화 속에는 비밀이 하나 있어요. 영화 속에 등장한 C-3PO가 진짜 로봇이 아니라 황금색 로봇 옷을 입은 사람이었다는 거예요. 그는 '안소니 다니엘스'라는 영화 배우였지요.

C-3PO의 역할을 맡은 안소니 다니엘스는 다른 어느 배우보다 연기 하기가 힘이 들었어요. 왜냐하면 자신의 몸에 꼭 맞는 황금색 로봇 옷을 만들기 위해 자신의 몸 전체에 석고를 발라야 했거든요. 이렇게 만들어진 황금색 로봇 옷을 입고 C-3PO를 연기하는 것은 쉽지 않았어요. 사막 지대에서의 촬영이 있을 때에는 엄청난 불볕더위 속에서 황금색 로봇 옷을 입고 땀이 범벅된 채 연기를 해야 했지요. 그래서 배우의 건강을 걱정한 제작진은 로봇 의상 속에 가느다란 관을 설치하여 냉각수를 흐르게 해 내부의 온도가 상승하는 것을 막았다고 해요.

안드로이드를 소재로 한 영화가 있나요?

안드로이드란 인간과 똑같은 모습을 하고 인간과 비슷한 행동을 하는 로봇을 말해요.

○ 영화 블레이드 러너의 포스터

안드로이드와 로봇은 모두 인조인간을 의미해요. 하지만 로봇은 기계 장치로 만드는 반면, 안드로이드는 생물학적 물질로 만든다는 차이점이 있지요.

안드로이드가 본격적으로 등장한 최초의 영화는 1982년에 발표된 '블레이드 러너'예요.

유전 공학의 발달로 안드로이드를 만들어 내던 타이렐 사. 타이렐 사에서는 최고의 성능을 자랑하는 안드로이드 '리플리컨트'를 만들어요. 타이렐 사는 자신들이 만든 리플리컨트를 이용해 우주 식민지를 개척하려고 우주에서 반란을 일으키지요. 이 때문에 리플리컨트는 지구 출입이 금지되고 말았답니다.

블레이드 러너에 등장하는 안드로이드 '레이첼'

영화 '블레이드 러너' 속 안드로이드들이 자신들을 인간으로 생각하게 된 이유는 그들에게 사람이 느끼는 감정을 느낄 수 있도록 인간의 기억을 주입시켰기 때문이에요.

자신도 안드로이드였던 '데커드'

블레이드 러너의 장면들

 그러나 리플리컨트는 외모가 인간과 너무 똑같았기 때문에 쉽게 인간 세상에 들어올 수 있었어요. 마침내 네 명의 리플리컨트가 지구에 잠입하고, 이들을 전문적으로 찾아 사살하는 경찰 블레이드 러너 데커드가 투입되지요. 블레이드 러너는 인간과 리플리컨트를 구별할 수 있는 능력을 지닌 경찰이었거든요. 영화는 블레이드 러너가 리플리컨트를 잡는 과정에서 일어나는 다양한 이야기를 보여 주고 있답니다.

 그런데 이 영화에는 반전이 있어요. 영화의 마지막을 보면 리플리컨트인 레이첼과 블레이드 러너인 데커드가 사랑을 이루며 도망을 치지요. 많은 사람들이 블레이드 러너인 데커드를 사람이라고 생각하고 있지만, 이 영화를 만든 리들리 스콧 감독은 블레이드 러너인 데커드 역시 리플리컨트라고 밝혀요. 그것을 보면 우리 인간도 완벽한 조건을 가진 리플리컨트가 아닐까 하는 생각이 들기도 하지요.

로봇이 인간을 지배할지도 모른다고요?

◐ 영화 2001 스페이스 오디세이의 포스터

◐ 반란을 일으킨 인공 지능 컴퓨터 'HAL9000'

앞에서 설명한 아이작 아시모프의 '로봇의 3원칙'에 꼭 맞는 이야기로 전개되는 영화가 있어요. 인간에게 해를 끼치는 로봇이 등장하는 영화이지요.

스탠리 큐브릭의 '2001 스페이스 오디세이'라는 영화에서는 인간을 지배하려는 컴퓨터가 나와요.

목성 탐사를 위해 비행 중이던 디스커버리 호에 재난이 닥쳐요. 인공 지능 컴퓨터인 'HAL9000'이 반란을 일으킨 것이지요. 대원들의 안전을 책임져야 할 컴퓨터 HAL의 반란은 지능을 갖춘 컴퓨터가 미래의 인간 세계를 지배할 수도 있다는 무시무시한 두려움을 갖게 한답니다.

2005년 영국 신문 〈가디언〉은 21세기 인류를 종말에 이르게 하는

○ 2001 스페이스 오디세이의 장면들

최대 위협 열 가지 중 여섯 번째가 '로봇의 반란'이라고 발표했어요. 2050년이면 인간의 지적 능력을 지닌 로봇이 나올 거라고 하니, 어쩌면 멀지 않은 미래에 로봇이 인간을 공격하거나 인간이 로봇의 지배를 받는 세상이 올지도 모르겠어요.

영화 'A.I.'에는 어떤 로봇이 나오나요?

A.I란 인공 지능이란 뜻으로 인간의 지능으로 할 수 있는 사고, 학습, 자기 계발 등을 컴퓨터가 할 수 있도록 연구하는 컴퓨터 공학 및 정보 기술의 한 분야예요.

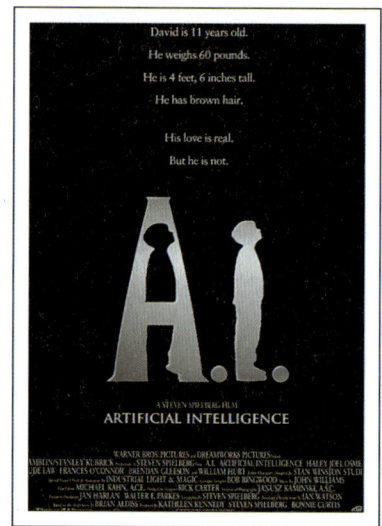

현존하는 최고의 감독 중 한 명인 스티븐 스필버그가 1억 달러의 제작비를 들여 완성한 대작 SF 영화 'A.I.'. 'A.I.'에서는 인간의 감정을 가진 최초의 로봇 데이빗이 등장해요.

급속도로 발전해 가는 과학 문명 속에서 사람들은 감정을 가진 로봇 데이빗을 만들어요. 데이빗의 역할은 자식이 없는 가정에 입양되어 오로지 사랑받고 사랑하는 일만 하면 되는 것이지요.

그런데 데이빗은 자신이 로봇이라는 사실을 인정하지 않아요. 어느 날, 엄마와 아빠에게서 버림을 받은 데이빗은 진짜 인간이 되기 위해 모험을 떠나지요. 그리고 어떻게 하면 인간이 될 수 있을까 고민하는 데이빗에게 누군가 푸른 요정에게 가면 인간이 될 수 있다고 말해 준답니다.

푸른 요정을 찾아가던 데이빗은 사람이 로봇을 잡아서 괴롭히는 곳에 가게 돼요. 이곳의 관리인들은 데이빗을 뜨거운 용광로 속에 넣어 녹여 버릴 준비를 하지요. 하지만 데이빗은 사람들에게 살려 달라고 애원하고, 구경꾼들은 그런 데이빗을 사람이라고 믿고 관리인들로부터 구해줘요. 이렇듯 힘들고 어려운 모험의 과정을 거치던 데이빗은 자신을 만들어 낸 연구실에 도착하게 돼요. 그런데 그곳에는 자신과 똑같이 생긴 수많은 로봇이 있었지요. 데이빗은 엄마에게 사랑받을 수 있는 존재는 자신뿐이고 자신이 고유한 존재라고 믿었는데, 그게 아니라는 사실이 밝혀지자 무척 괴로워한답니다.

인공 지능(Artificial Intelligence)에서 그 이름을 따왔다는 〈A.I.〉는 우리에게 인간의 감정을 가진 로봇의 존재에 대해서 다시 한번 생각하게 하는 영화예요.

영화 '바이센테니얼 맨'에는 어떤 로봇이 나오나요?

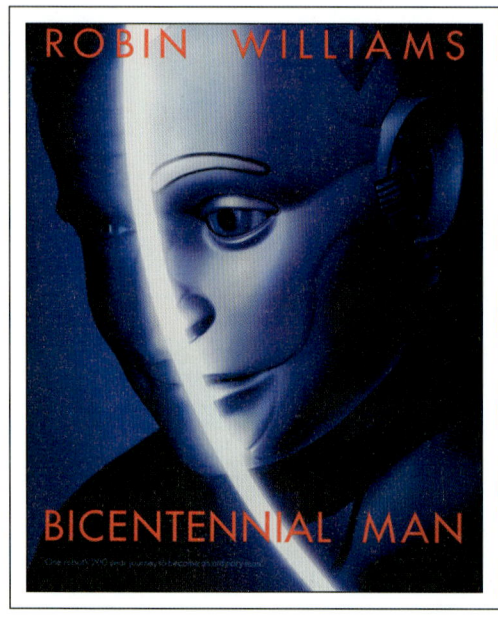

인간의 감정인 호기심이 생길 줄이야.

마요네즈 한 방울이 앤드류의 신경계에 이렇게 엄청난 변화를 일으키게 될 줄은 정말 몰랐습니다.

앤드류는 다른 로봇들에게는 없는 지능과 호기심을 지니고 있었어요. 그렇게 된 이유는 로봇 NDR-114를 만들던 엔지니어가 샌드위치를 먹다 마요네즈 한 방울을 복잡한 회로 위에 떨어뜨렸기 때문이지요.

 2005년 미국 뉴저지, 리처드는 가족을 깜짝 놀라게 해 줄 선물로 가전제품을 구입해요. 설거지, 청소, 요리, 정원 손질 등 모든 집안일을 하나로 해결할 수 있는 첨단 가전제품이지요. 아이들과 함께 놀아 줄 장난감으로도 쓰일 수 있는 기적 같은 이 가전제품은 바로 가사 도우미 로봇 앤드류(NDR-114의 애칭)랍니다.

 점차 인간의 감정을 이해하기 시작한 앤드류의 강철 심장에도 수줍은 설레임이 찾아와요. 자신이 돌봐 주던 인간 포샤에게 사랑을 느끼게 된 것이지요. 인간과 사랑을 나누고 싶었던 그는 자신이 로봇이기 때문에 사랑을 이룰 수 없다고 생각했어요. 그래서 큰 결심을 하지요.

앤드류는 수술대에 올랐어요. 그리고 인공 피부와 모든 내장 기관을 인간과 비슷하게 만들고 온몸에 혈액을 흐르게 만들어요. 앤드류는 그제서야 비로소 인간임을 인정받지요. 불멸의 로봇에서 인간으로 변한 앤드류는 이 영화의 결말에서 다른 여느 인간과 똑같이 죽음을 맞는답니다.

앤드류는 죽음 직전 이런 말을 남겨요.

"인정받고 싶습니다. 있는 그대로 내가 누구인지……. 찬사나 평가가 아닌, 단순한 진실을 인정받기 위해 제 명예를 걸며, 불멸의 몸을 버렸습니다."

◐ 영화 바이센테니얼 맨의 장면들

아마도 멀지 않은 날, 집안일을 돌보는 '앤드류' 같은 가사 도우미 로봇의 모습을 실제로 볼 수 있을 거예요.

어쩌면 앤드류처럼 진짜 사람이 되고 싶어하는 로봇을 만나게 될지도 모르지요.

터미네이터가 우리를 구해 줄 수 있나요?

이 영화에는 로봇이 인간의 필요에 따라 만들어졌다는 긍정적인 이야기 뒤에 전투용 로봇 개발에 대한 어두운 그림자가 담겨 있어요.

◐ 영화 터미네이터 2편의 포스터

'터미네이터'는 영화배우 아놀드 슈워제네거 주연의 할리우드 SF 영화예요. 총 세 편의 연작물로, 1984년 제임스 카메론 감독이 1편을 만들었으며, 1991년에 2편, 2003년에 3편이 제작됐지요.

1편의 내용은 이러해요. 1997년, 인간이 만든 인공 지능 컴퓨터가 스스로의 지능을 갖추고는 핵전쟁을 일으켜 인류를 멸망시키는데, 살아남은 몇몇 사람들은 기계와의 전쟁을 치루며 힘겹게 살아가지요. 기계들은 인간들을 이끄는 사령관 존 코너의 출생 자체를 막기 위해 타임머신에 터미네이터를 태워 1984년의 로스엔젤레스로 보내요. 이 터미네이터는 총을 맞아도 끄떡도 않는 신형 모델 T-800으로, 인간과 똑같이 만든 침투용 사이보그였지요. 영화의 전체적인 줄거리는 존 코너의 어머니인 사라 코너를 죽이기 위해 집요하고 끈질기게 추적해 오는 터미네이터의 모습을 그리고 있답니다.

그러나 두 번째 만들어진 2편에서는 T-800이 더 이상 악당으로 나오지 않아요.

2편에서 존 코너는 자신을 죽이려는 터미네이터 T-1000의 공격을 받아요. 하지만 이번에는 인간이 보낸 또 다른 터미네이터인 T-800이 존 코너를 도와주지요. T-1000의 추격을 피해 도망다니며 그들의 우정은 돈독해지고, 나중에는 T-800이 존 코너가 흘리는 눈물의 의미까지 깨닫게 돼요.

이렇듯 터미네이터는 기존에 나와 있는 로봇 캐릭터 중 가장 강력한 전투력을 가진 로봇이며 인간의 감성까지 이해하는 로봇이에요. 그래서 어쩌면 우리의 미래에 일어날지도 모르는 로봇과의 전쟁에서 우리를 지켜 줄 수 있을지도 모르지요.

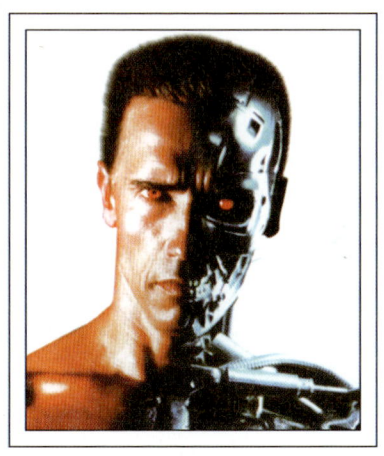

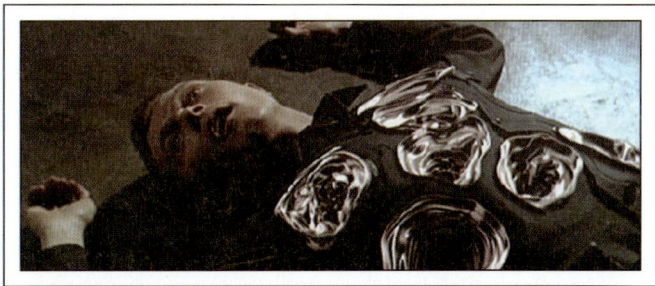

로봇들은 과거의 한 인간을 제거함으로써 미래를 바꿀 수 있다고 믿었지만 그들은 인간의 용기 있는 행동을 예측하지 못했어요.

◐ 터미네이터 1편의 T-800(왼쪽)
인조 피부로 내부 기계 장치를 숨기고 있지요.

◐ 터미네이터 2편의 T-1000(오른쪽)
변형 가능한 금속 물질로 만들어졌어요.

영화 '아이, 로봇'에는 어떤 로봇이 나와요?

제가 NS-5예요. 저는 높은 지능과 다양한 기능을 가진 인간적인 로봇으로 출연하지요.

    영화 '아이, 로봇'에는 너무나 인간적인 로봇이 등장해요.
    'NS-4'에 이어 더 높은 지능과 다양한 기능을 가진 로봇 'NS-5'의 출시를 하루 앞둔 어느 날, NS-5의 창시자인 래닝 박사가 의문의 죽음을 맞고 말아요. 그리고 그의 죽음이 자살이 아니라는 확신을 가진 시카고 경찰 델 스푸너가 이 일을 조사하기 시작했지요.
    로봇 심리학자인 수잔 캘빈 박사의 도움으로 회사 내부를 둘러보던 스푸너는 빌딩 전체를 제어하는 인공 지능의 존재를 알게 돼요. 용의자 심문 과정에서 문제의 로봇은 자신은 꿈을 꾸는 존재이며 아버지인 래닝 박사가 감정을 심어 줬다고 주장하지요. 이 모습을 본 스푸너가 비웃으며 '깡통'이라고 부르자 로봇은 자신의 이름은 '써니'라고 외친답니다.
    이런 로봇의 절규는 'NDR-114'라는 제품명 대신 '앤드류'라는 이

름으로 200년을 산 영화 '바이센테니얼 맨'의 로봇과 영화 'A.I.'에서 기계 인간이라는 뜻의 준말인 '메카'라는 통칭 대신 '나는 데이빗이에요.'라고 외치던 소년 로봇의 모습과도 겹쳐져요. 그들은 너무나 인간적이기 때문에 자신들을 로봇이 아니라 인간으로 생각하고 있는 것이지요.

실제로 영화 속 이야기를 현실로 실현하기 위해서 과학자들은 열심히 연구하고 있어요. 그것은 로봇에게 감정을 넣는 작업이지요. 물리학자인 스티븐 호킹 박사는 미래에 감정을 가진 인공 지능 로봇이 세상을 지배할 수 있다고 말했답니다.

양철로 만든 로봇이 나오는 영화가 있나요?

마법에 걸려 심장이 없어진 양철 나무꾼이 사람이었을 때, 한 아가씨를 사랑했어요. 그런데 두 사람의 사랑을 질투한 나쁜 마녀가 양철 나무꾼에게 마법을 걸었지요.

양철 나무꾼은 심장을 찾기 위해 길을 떠났다가 회오리 바람에 휩쓸려 오즈의 나라에 도착한 도로시와 만나요. 양철 나무꾼은 오즈의 나라에서 도로시와 함께 사랑을 느낄 수 있는 마음을 갖기 위해 길을

⬆ 오즈의 마법사 (1939)

도로시와 양철 나무꾼이 만나는 장면

난 용기를 얻으러~.
난 뇌를~.
난 집으로 돌아가기 위해.
난 심장이 필요해.

떠나지요. 도로시 외에도 두뇌는 없지만 말을 할 줄 아는 허수아비, 겁 많은 사자, 서쪽의 마녀 등을 만나 우여곡절 끝에 동쪽의 마녀를 없애고 고향으로 돌아가게 된답니다.

이 이야기는 '오즈의 마법사'에 나오는 양철로 만든 나무꾼의 이야기예요.

그런데 양철로 만든 로봇은 '오즈의 마법사'에 나오는 양철 로봇 나무꾼 말고 또 있어요. 태권 V를 도와 악의 세력에 맞서 싸우는 깡통 로봇이지요.

그 깡통 로봇은 태권 V처럼 멋있지도 않고, 주전자와 고철로 만들어진 초라한 외모에, 무기는 달랑 고춧가루탄뿐이에요. 하지만 깡통 로봇의 용기는 태권 V에 버금가지요. 태권 V를 도와 세계 평화를 지키기 위해 목숨을 걸고 악의 무리에 대항하는 용기 있는 로봇이랍니다. 이 깡통 로봇이 나오는 만화 영화 '로보트 태권 V'가 실사 영화로도 제작될 예정이라고 하니 조만간 깡통 로봇을 극장에서도 볼 수 있을 거예요.

우주 소년 아톰은 일본에 어떤 영향을 줬나요?

만화 영화 '우주 소년 아톰'은 일본 후지TV에서 흑백으로 처음 방송 됐어요.

교통사고로 아들을 잃은 과학자에 의해 탄생된 아톰은 학교도 다니고, 로봇 가족도 있어요. 그리고 빠른 속도로 날 수 있는 로켓 다리와 팔, 강력한 힘 그리고 인간의 감성과 지능도 갖고 있지요. 정의감이 넘치는 아톰은 학교에서 사귄 인간 친구들과 함께 사악한 로봇들에 맞

저는 1951년 데스카 오사무라는 만화가에 의해 탄생한 인간형 로봇 아톰이에요.

악당들을 물리치는 정의로운 로봇이지요.

제가 태어난 때가 일본이 제2차 세계 대전에서 패배한 지 얼마 되지 않은 때였기 때문에 일본 국민들은 저를 통해 희망과 용기를 가지게 됐지요.

푸른 하늘 저 멀리 라라라~ 힘차게 날으는~ 우주 소년 아톰~

서 싸운답니다.

그런데 아톰은 몇 살일까요? 아톰은 일본 만화의 아버지라 불리는 데스카 오사무가 1951년에 창조한 인간형 로봇 캐릭터로, 만화에서는 2003년 4월 7일 만들어진 것으로 설정돼 있어요. 그러니까 만화 속 아톰은 2003년생이라 몇 살 되지 않았지만, 실제로는 1951년생으로 50살이 훨씬 넘은 아저씨지요.

아톰은 일본 사람들에게 희망을 줬을 뿐만 아니라 일본의 로봇 산업에 큰 영향을 줬어요. 그래서 일본 만화 속에는 다양한 로봇이 등장하지요.

◐ 철인 28호

요코야마 미즈테루의 만화 속에서 탄생한 철인 28호는 사람에 의해 리모컨으로 조정되는 거대 로봇이에요.

◐ 마징가 Z

아톰이라는 최고의 캐릭터에서 시작한 일본의 만화 영화는 지금도 계속 발전하고 있어요.

태권 V는 태권도가 몇 단이에요?

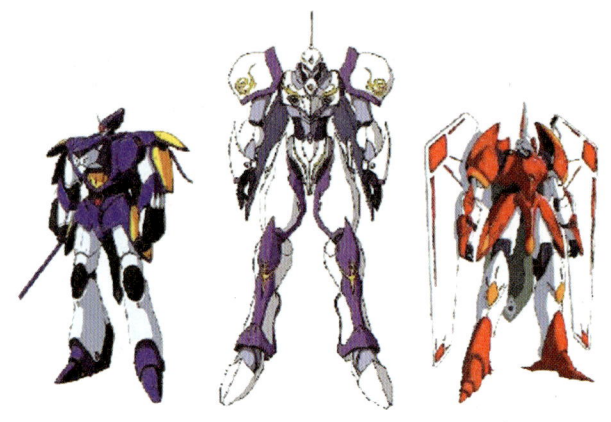

▲ 영혼 기병 라젠카

우리나라 로봇 만화에서는 우리나라의 전통적인 소재를 많이 찾아볼 수 있어요.

1997년에 고성철 감독이 연출한 '영혼 기병 라젠카'는 핵전쟁으로 폐허가 된 지구를 부활시키기 위한 주인공의 활약상을 그린 만화 영화예요. 주인공 로봇이 우리나라 고유의 장군 복장과 비슷한 의상을 입고 나온답니다.

또, 1979년에 송정률 감독이 연출한 '날아라 우주 전함 거북선'은 초강력 철갑선인 우주 전함 거북선이 등장해 이순신 장군이 적을 물리친다는 내용을 담고 있어요.

▲ 날아라 우주 전함 거북선 (1979년, 송정률 감독)

◎ 1970년에 제작된 로보트 태권 V

키 56m, 몸무게 1400t(톤)의 로보트 태권 V는 지상, 공중, 수중은 물론 우주에서도 맹활약을 했답니다.

 태권도로 유명한 '로보트 태권 V'도 있어요. 우리나라 로봇 만화 영화 제1호인 '로보트 태권 V'는 일본의 로봇 만화 영화만을 보아 오던 1970년대의 어린이들에게 우리나라에도 로봇 만화가 있다는 자부심을 심어 줬지요.

 2007년 2월, 로보트 태권 V는 국기원으로부터 태권도 명예 4단 단증을 받았어요. 전 국민의 사랑을 받아 오며 태권도 문화 발전에 공헌한 점을 인정받은 것이지요. '로보트 태권 V' 영화를 만든 김청기 감독도 명예 7단 단증을 받았답니다.

로봇도 변신할 수 있나요?

스티븐 스필버그가 제작한 '트랜스포머'라는 영화에는 변신 로봇이 등장해요. 이 로봇은 인간보다 뛰어난 지능을 가지고 있고 스스로 자동차, 헬리콥터, 전투기 등의 다양한 모습으로 변신한답니다.

↑ 트랜스포머에 나오는 로봇 '범블비'

↑ 범블비가 차로 변신한 모습

영화 '터미네이터' 2편에는 'T-1000'이라는 액체 로봇이 자유자재로 변신하는 장면이 나와요. 이것은 과학 기술의 발달로 점차 현실화돼 가고 있지요. 실리콘 밸리 연구소의 과학자가 개발한 로봇은 사람의 모습으로 있다가 변신하고 싶은 팔, 다리, 몸통을 기계에 넣으면 플라스틱 액체가 돼요. 그리고 변신에 필요한 부품을 3차원 복사기로 찍어 내 스스로 조립한 다음, 원하는 형태로 변신할 수 있지요.

아직 영화에서처럼 멋있게 변신하는 로봇은 없지만 현재, 상황에 따라 모양이 변하는 변신형 로봇을 개발하려는 연구가 한창 진행되고 있답니다.

미국 서던캘리포니아대학의 연구팀이 개발한 '수퍼봇'은 상자 모양의 로봇 모듈(기계의 구성 단위)들이 연결돼 거미, 뱀, 지네, 탱크 바퀴 등의 모양으로 변신이 가능해요. 즉, 레고 블록처럼 생긴 로봇 모듈들이 다른 시스템으로 재구성이 가능한 능력을 갖고 있는 것이지요.

수퍼봇은 어떤 상황이 벌어질지 모르는 행성 같은 곳을 탐사할 때 자기가 알아서 필요한 모양으로 변신할 수 있어요.

일본의 장난감 제조업체 토미 사가 일본 나이키 사와 공동으로 제작한 이 로봇은 실제 신발의 절반 크기로 신발을 펼치고 분해하면 멋진 로봇으로 변신한답니다.

실제로 신지는 못해요.

◐ 변신 신발 로봇 '콘보이'

'스페이스 건담 V'를 실제로 만들 수 있나요?

　1984년에 김청기 감독이 만화 영화 '스페이스 건담 V'를 만들었어요. 3단으로 완전 변신하는 초특급 요새 건담 V가 멸망의 위기에 처한 지구를 구하는 내용이지요.
　이런 만화 영화를 보면서 과학자가 돼 만화 영화에 나오는 로봇을 실제로 만들고 싶다는 생각을 한 번쯤 해 봤을 거예요.
　그런데 진짜로 이런 일이 가능할까요?
　그 대답은 지금은 아니라는 거예요. 만화 영화에 나오는 로봇을 완

1984년 만들어진 만화 영화 '스페이스 건담 V'는 로봇이 우주와 지구를 넘나들며 멸망의 위기에 처한 지구를 구한다는 내용이에요.

전히 똑같이 만드는 것은 현재의 과학 기술로는 불가능하지요. 일단 현재까지 발견된 소재로는 그토록 거대한 크기의 로봇이 두 발로 서 있는 것이 불가능한 일이라고 해요.

그리고 그런 엄청난 물건을 만들기 위해 들어갈 돈과 기술, 시간에 비해 그 쓸모가 너무 적다는 게 과학자들의 의견이지요.

사랑에 빠진 로봇이 나오는 소설이 있다고요?

아, 심심해~. 어디 화살 쏠 데 없나?

그리스 로마 신화에 나오는 큐피드는 사랑과 미의 여신인 아프로디테(비너스)의 아들인데, 활과 화살을 들고 다니면서 사랑의 마음을 불러 일으키기도 하고 사랑을 혐오하게도 만든답니다.

로봇이 큐피드의 화살을 맞아 사랑에 빠지려면 우선 사랑에 대해 명확하게 해석하는 능력이 있어야 해요. 사랑을 느끼게 하는 원인과 사랑을 지속시키는 감정 같은 것을 파악해 프로그램으로 만들고 로봇에게 입력시키는 것이지요. 그래야 로봇도 큐피드의 화살을 맞고 사랑에 빠질 수 있을 거예요.

그러나 큐피드의 화살을 맞은 로봇이 사랑에 빠질 수 있는 것은 먼 훗날의 이야기지요. 지금은 큐피드의 화살을 맞아 사랑에 빠진 로봇의 모습을 문학 작품 속에서나 볼 수 있으니까요.

현재 나와 있는 로봇의 지능은 아이큐 60 정도예요. 지능은 높지만 창조적 능력을 가지지는 못하고 있지요. 하지만 먼 미래에는 지능과 감성이 발달한 로봇이 큐피드의 화살을 맞으면 사랑에 빠질 수 있지 않을까요?

프랑스 소설인 〈미래의 이브〉는 소설 속 과학자 에디슨이 목소리, 몸짓, 얼굴 표정이 사람을 닮은 완벽한 여성 로봇 해덜리를 만들어 냈는데, 한 젊고 잘생긴 귀공자가 큐피드의 화살을 맞아 해덜리와 사랑에 빠진다는 이야기예요.

1938년 미국의 과학 소설가인 레스터 델 레이가 쓴 〈헬렌 오로이〉라는 소설에는 인간과 흡사한 여성 로봇이 나오는데 얼굴 표정도 다양하고 소리 내어 울 줄도 알고 연애 소설을 읽으며 시간을 보내기도 해요. 〈헬렌 오로이〉는 이 여성 로봇이 두 명의 총각에게 가정부 노릇을 해 주다가 그중 한 청년과 사랑에 빠져 결혼한다는 내용이에요.

전 로봇과 사랑에 빠졌어요~.

가슴이 콩닥 콩닥. 내가 왜 이러지……

로봇끼리도 K-1을 할 수 있어요?

과학 기술이 점차 발전하면서 누구나 로봇을 쉽게 다룰 수 있는 시대가 왔어요. 신체로 하는 스포츠와 더불어 컴퓨터 게임으로 전략적 승부를 겨루는 E 스포츠가 탄생하더니, 이제는 로봇도 스포츠에 참여하면서 'R 스포츠'라는 것도 생겨났지요.

R 스포츠 문화가 많이 알려지면서 로봇 격투기 대회가 많이 생겼어요. 휴머노이드 로봇끼리 격투를 하는 대회도 생겼지요.

로보원은 'K-1'처럼 두 대의 로봇이 일대일로 격투 시합을 하는 거

'R 스포츠'란 로봇을 이용한 스포츠를 말해요. 종목은 로봇 축구를 비롯해 길 찾기 게임인 라인트레이서, 휴머노이드를 이용한 로봇 격투, 로봇 농구 등 매우 다양하답니다.

◐ 휴머노이드를 이용한 로봇 격투

◐ 로봇 축구

○ 로보원의 이종 격투 시합

로봇들의 이종 격투 시합인 로보원은 K-1 규칙과 아주 비슷하게 진행되며 실제 K-1의 주심이 심판을 봐요.

○ 로보원 경기장

로보원에서의 각 로봇들은 이 8각의 경기장에서 자신이 가진 뛰어난 공격 기술로 상대방을 쓰러뜨리면 이기게 돼요.

'Robo-One'은 로봇을 통해 세계를 하나로 만들자는 뜻이랍니다.

예요. 실제 K-1 주심이 심판을 보고 K-1의 규칙과 아주 비슷하게 진행되지요.

 이렇게 휴머노이드끼리 싸우는 스포츠도 있지만 가수나 연예인처럼 춤을 추기도 하고 개그맨처럼 여러 가지 재밌는 행동으로 웃기기도 하는 로봇 퍼포먼스도 있어요. 퍼포먼스에서는 로봇의 움직임에 대한 창의력과 기술력이 얼마나 뛰어난지 그리고 로봇의 디자인이 얼마나 세련됐는지를 심사한답니다.

 ## 로봇끼리 싸움을 하면 누가 말리나요?

배틀 로봇은 삼지창을 휘두르며 적을 위협하거나 블레이드를 돌리며 강력한 송곳으로 내리찍는 등 굉장한 공격성을 자랑하는데, 그 모습을 보고 있노라면 빠르고 강한 스파르타 군사를 떠올리게 된답니다. 이는 실제 전투 장면을 방불케 해서 사람들에게 인기가 많지요.

로봇 배틀 게임의 경기 규칙은 간단해요. 상대 로봇을 자신의 무기로 공격해서 상대가 더는 이동하지 못하게 만들거나 상대 로봇을 함정에 빠뜨리면 이기지요. 또, 상대 로봇이 기권을 하면 경기에서 이길 수 있답니다.

로봇 배틀은 생긴 지 오래된 만큼 참가하는 로봇의 종류도 아주 많

로봇 배틀은 휴머노이드들이 벌이는 로봇 격투보다 더 격렬한 경기예요. 이기지 못하면 죽는 무시무시한 세계이지요.

이크

끼이앙

다 덤벼~.

이렇게 무시무시한 배틀 경기의 심판은 하우스 로봇들이 담당하고 있어요.

만약 로봇 배틀에 참가한 로봇들이 소극적으로 경기를 할 경우에는 하우스 로봇이 다가가 그 로봇들을 공격하기도 해요.

🔼 288kg의 하우스 로봇 '킬라봇'

배틀 로봇의 무게는 33kg 미만으로 제한돼 있고, 재질과 형태는 자유로이 할 수 있어요. 또한 한 개 이상의 무기를 갖고 있어야 하지요.

🔼 경사형 배틀 로봇

아요. 공격 무기가 없이 몸체를 비스듬히 만들어서 상대방을 업어 함정에 빠뜨리는 경사형 로봇, 상대방을 지게차처럼 들어올리는 리프트형 로봇, 강철 방망이를 수평으로 뱅글뱅글 돌려서 엄청난 충격을 주는 수평 블레이드형 로봇 등이 있지요. 이러한 배틀 로봇의 제작 기간은 보통 1년 이상 걸리는 경우가 많은데, 긴 기간동안 제작한 자신의 로봇이 상대 로봇을 이긴다면 그 기쁨은 이루 말할 수 없을 거예요.

체스 게임에서 로봇이 사람을 이겼다고요?

서양에서는 체스를 인간의 지능을 시험해 보는 최고의 두뇌 스포츠로 여기고 있어요. 체스는 전체 64칸으로 이루어진 판에 백색과 흑색으로 만든 16개씩의 말을 서로 이동시켜, 상대편의 왕을 먼저 움직이지 못하게 하는 편이 이기는 서양 놀이지요. 체스가 동양의 장기와 비슷하다고 하지만 장기는 왕이 잡히면 끝나는 놀이이고 체스는 왕이 도망가지 못하게 해야 끝이 나는 놀이라는 점에서 약간 다르답니다.

게리 카스파로프는 22세에 세계 체스 챔피언이 된 이후 13년 동안 정상을 지킨 체스 선수예요. 1,500년의 체스 역사상 가장 뛰어난 최고의 선수로 평가받고 있지요. 그런데 이렇게 대단한 카스파로프가

1997년 5월, IBM의 컴퓨터 딥 블루와 체스왕 카스파로프 선수가 체스 경기를 했어요. 카스파로프는 이 경기에서 한 경기를 남겨 놓았을 때까지는 무승부를 기록했으나 마지막 경기에서 패하고 말았지요.

◐ IBM의 딥 블루

슈퍼 컴퓨터인 딥 블루는 체스 말의 이동 경로를 1초에 2억 가지나 생각해 낼 수 있어요.

'딥 블루'라는 로봇과 체스 대결을 벌였답니다.

딥 블루의 승리는 로봇의 지능이 한 단계 업그레이드 됐다는 것을 의미하지만 한편으로는 이러한 승리가 체스에 대해 이해가 아주 높은 프로그래머가 있어서 가능했다며, 로봇의 승리를 인정하지 않는 사람들도 있어요.

실제로 딥 블루를 만든 주역은 미국 체스 챔피언 출신인 조엘 벤자민이었어요.

그는 카스파로프와의 직접 대결에서는 체스를 이길 수 없었지만 자신이 입력시킨 수많은 경우의 수를 딥 블루에 저장시킴으로써 딥 블루를 통해 카스파로프를 이길 수 있었다고 해요.

로봇은 어떻게 미로 속에서 빠져나와요?

위에서 내려다보면 아주 간단하게 빠져나올 수 있는데 막상 그 안에 들어가면 빠져나오기 힘든 것, 그게 바로 미로예요. 하지만 로봇은 이러한 미로를 빠르게 빠져나올 수 있지요.

미로 찾기 로봇은 일반적으로 '마이크로 마우스'라 불리는 작은 로봇을 말해요. 이 로봇이 하는 일은 미로 속에서 정해진 목적지를 가장 빨리 찾아가는 것이지요. 전체 미로의 모습은 알 수가 없기 때문에 처음에는 탐색 과정을 거치고 가장 빠른 길을 찾아 내요. 이 과정이 끝나면 로봇은 보유한 능력을 총동원해 목적지까지 이동하게 되지요.

마이크로 마우스란 일종의 '전자 쥐'로써 눈에 해당하는 센서, 두뇌에 해당하는 마이크로 프로세서와 프로그램이 들어있는 CPU, 다리에 해당하는 구동 장치, 움직이는 데 필요한 에너지인 배터리 등으로 구성되어 있어요. 크기는 국제적으로 가로, 세로 각각 25cm x 25cm를 넘지 못하며 높이의 제한은 없어요.

CPU(프로그램)
센서(눈)
배터리(에너지)
구동 장치(모터)

◐ 마이크로 마우스

마이크로 마우스가 센서로 보낸 빛이 하얀색 벽에 닿아 되돌아오면 마이크로 마우스는 그 빛을 감지하고 벽을 피해가면서 미로를 빠져나와요.

마이크로 마우스는 센서의 정보를 받아 CPU에서 그 정보를 처리하고 모터를 움직여 가장 빠른 길을 찾아내 간답니다.

◐ 미로에서 목적지를 찾는 로봇들

173

로봇 축구 대회가 있나요?

1995년, 한국과학기술원(KAIST)의 김종환 교수가 로봇 축구(Miro Sot)를 만들었어요. 사람들이 좋아하는 스포츠인 축구와 로봇 연구 분야를 접목해 만든 것이지요.

로봇 축구 대회는 'FIRA 로봇 월드컵'이라는 이름으로 불리며 매

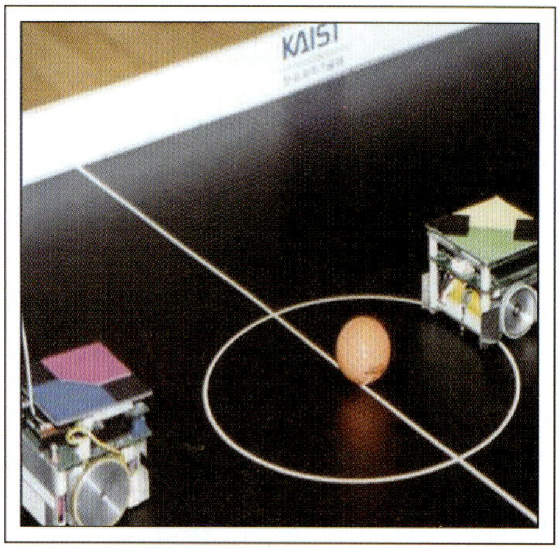

↑ 로봇 축구

로봇 축구 대회는 1996년 11월에 우리나라에서 처음으로 개최됐어요.

우리나라가 로봇 축구 종주국이랍니다.

우리 아이들에게 다양한 세계관을 심어 주고 싶었어요. 우리의 독창적인 과학 기술을 가지고 세계 젊은이들과 함께 어울릴 수 있는 기회를 마련하고자 로봇 축구를 시작하게 됐답니다.

1997년에는 한국과학기술원을 비롯한 세계 10여 개국의 20여 개 대학 연구진들이 세계 로봇 축구 연맹(FIRA)을 조직했어요.

김종환 교수

○ 로봇 축구 선수

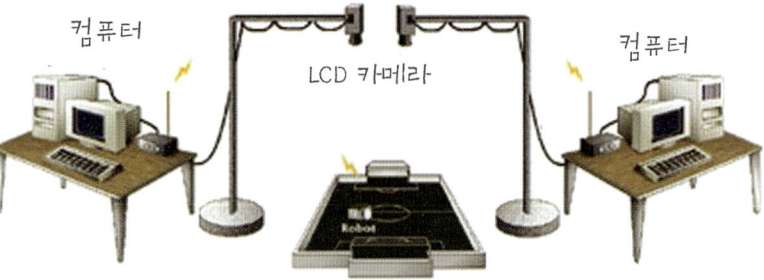
컴퓨터   LCD 카메라   컴퓨터
경기장

로봇 축구(Miro Sot)는 팀당 7.5cm 정육면체 모양의 로봇 3대와 170cm x 130cm(골대 포함)의 경기장과 영상 정보를 받기 위해 경기장 2m 높이에 설치된 LCD 카메라와 컴퓨터를 이용해요.
경기는 전후반 각각 5분씩 진행되며 쉬는 시간 10분에 전지 교환을 하거나 전술을 바꿀 수 있으며 사람은 경기 시작, 멈춤, 재시작 시에만 로봇에게 명령을 전달하고 그 외에는 로봇이 스스로 알아서 게임에 임해요.

년 열리고 있어요. 1998년에는 프랑스, 1999년에는 브라질, 2000년에는 오스트레일리아, 2001년에는 중국에서 세계 로봇 축구 대회가 개최됐지요.

로봇 월드컵은 그 동안의 각종 대회를 거치면서 국제적인 행사로 성장했어요. 매년 북아메리카, 남아메리카, 유럽, 아시아-태평양 등 4개 대륙의 예선전을 거쳐 세계 대회가 개최되고 있지요. 국내에도 200여 개가 넘는 로봇 축구 팀이 활동하고 있답니다.

해마다 세계 7~10개국의 로봇 축구팀이 로봇 월드컵에 참여하고 있어요.

가위바위보를 하면 로봇이 이긴다고요?

가위를 내면 바위를 내서 이기고, 바위를 내면 보를 내서 이기는 게 가위바위보예요. 가위바위보는 이길 때도 있고 질 때도 있지요. 그런데 가위바위보를 천 번을 하든 만 번을 하든 무조건 이기는 로봇이 있답니다.

일본 국제전기통신 기초기술연구소와 혼다 연구진이 공동 개발해서 2006년 5월 24일에 발표한 이 로봇은 사람이 가위, 바위, 보를 내면 같은 동작을 해요. 이 로봇은 사람이 동작을 할 때 생기는 뇌 혈류의 변화를 기능적 자기공명영상법(FMRI)으로 감지한 뒤, 극히 미묘한 차이를 컴퓨터로 분석해 움직이지요.

◐ 가위바위보 로봇

사람이 가위바위보를 할 때 각각 나타나는 뇌 혈류의 변화를 '기능적 자기공명영상법(FMRI)'으로 촬영한 뒤 컴퓨터에서 해석해 그것을 가위바위보 로봇에게 전달해요. 그렇게 해서 이 로봇은 상대방이 가위, 바위, 보 중 무엇을 낼지 아주 빠른 시간안에 계산할 수 있답니다.

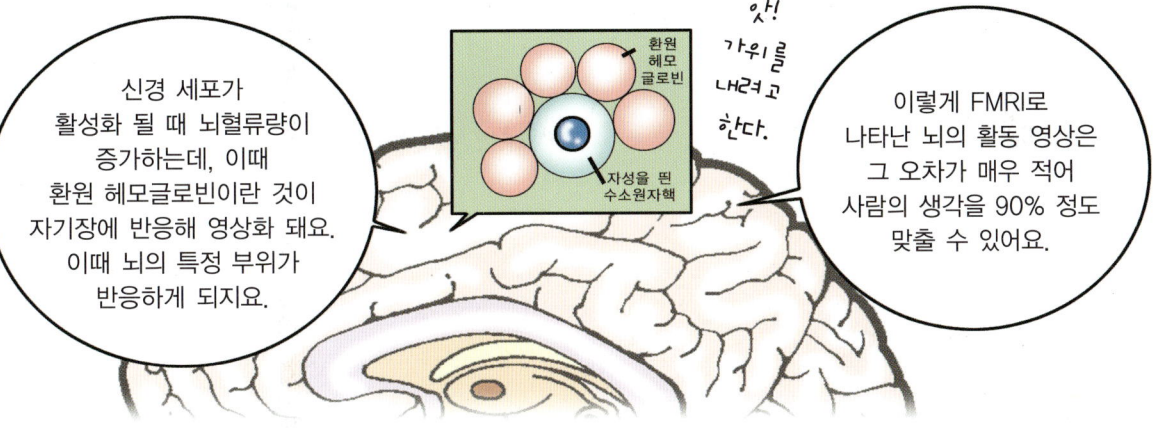

신경 세포가 활성화 될 때 뇌혈류량이 증가하는데, 이때 환원 헤모글로빈이란 것이 자기장에 반응해 영상화 돼요. 이때 뇌의 특정 부위가 반응하게 되지요.

앗! 가위를 내려고 한다.

이렇게 FMRI로 나타난 뇌의 활동 영상은 그 오차가 매우 적어 사람의 생각을 90% 정도 맞출 수 있어요.

FMRI는 특정 활동 시 자기장에 반응하는 뇌 속의 변화를 보여줘요.

그런데 이런 기술은 단순히 가위바위보에서 이기고 지고만의 문제는 아니에요. 이 기술을 응용하면 많은 사람들에게 도움을 줄 수 있다고 해요. 즉, 뇌에서 나오는 신호만으로 원하는 대로 움직일 수 있는 중증 신체 장애인용 전동 휠체어와 인공 대화 장치 등의 개발이 가능하답니다.

뇌의 신호를 이용한 기술을 응용하면 많은 사람들에게 도움을 줄 수 있을 거예요.

 ## 로봇 박사가 되려면 어떤 공부를 해야 해요?

　직접 로봇을 만들기 위해서는 공부해야 할 게 참 많아요. 기계 공학, 전자 공학, 통신 공학, 컴퓨터 공학 등의 여러 학문 지식이 필요하거든요.
　로봇의 몸을 만드는 데 필요한 지식은 기계 공학에서 배울 수 있어요. 팔, 다리, 머리, 몸통 등의 관절을 움직이는 모터를 어떻게 사용해야 할지, 기어는 어떻게 조립할지, 균형은 어떻게 잡을지 등을 자세하게 배울 수 있지요.
　로봇을 움직이기 위해서는 전자 공학을 배워야 해요. 각 모터들을 움직일 수 있게 전선을 배치하고 그 하나하나의 모터에 전기를 원활히 공급할 수 있도록 해 주는 회로를 만들어야 하는데, 바로 전자 공학에

아하~ 그렇구나!

공학이란 공업의 이론, 기술, 생산 등을 체계적으로 연구하는 학문이에요. 로봇을 만들기 위해선 기계·전자·통신·컴퓨터 공학 등을 배워야 한답니다.

기계 공학 — 기계 및 관련 장치, 설비의 설계, 제작, 성능, 이용, 운전 등에 관하여 연구하는 학문

전자 공학 — 전자의 운동에 의한 현상이나 그 현상의 응용 기술을 연구하는 학문

통신 공학 — 전신이나 전화, 라디오, 텔레비전 따위의 통신 기기와 수단에 관한 응용 기술을 연구하는 학문

컴퓨터 공학 — 컴퓨터 하드웨어 및 그와 관련된 소프트웨어의 설계를 연구하는 학문

서 이러한 것을 배우지요.

　로봇에게 우리의 말을 잘 전달할 수 있어야 하는데, 이것은 통신 공학에서 배워요.

　로봇의 지능에 관해서 배우려면 컴퓨터에 들어 있는 CPU(중앙처리장치)를 잘 다룰 수 있어야 하고, 이를 위해 컴퓨터 공학을 공부해야 하지요.

　로봇은 혼자서 만들기는 힘들어요. 그래서 각 학문의 전문가들이 같이 모여서 열심히 로봇을 만드는 것이랍니다.

내 손으로 만들 수 있는 로봇이 있나요?

내 손으로 로봇을 만들 수 있다면 얼마나 좋을까요?

적외선 센서를 이용해서 줄을 따라가는 라인트레이서나 물체를 감지해서 피해가는 장애물 회피 로봇은 겉으로 보기에는 단순해 보이지만 이것을 하나하나 설계해서 만들기란 쉽지가 않아요. 어떤 센서와 모터를 사용해야 빠르고 안정적으로 주행할지, 회로는 어떻게 만들어야 할지, 저항기과 트랜지스터 등의 소자는 왜 달아야 하는지, CPU를 어떻게 프로그래밍해야 할지를 다 배워야 하지요. 그래서 많은 회사에서 '교육용 로봇' 이라는 것을 개발했답니다.

키트란 완성된 상품이 아닌, 여러 부품들로 구성되어 직접 조립할 수 있도록 구성해 놓은 상품을 말해요. 교육용 로봇 키트는 로봇을 만들기 위한 부품들을 모아 놓은 제품이지요.

◐ 12관절 6족 로봇

◐ 교육용 로봇 키트 박스

교육용 로봇은 골격, 회로, 모터들을 볼트와 너트로 조립해서 프로그램을 작성하여 CPU에 입력하면 되는데 하나하나 쉽게 만들 수 있어요. 가격도 저렴하고 가정에서 손쉽게 만들 수 있는 로봇이라서 로봇 대회나 로봇 캠프, 로봇 발명품 대회 등에서 활용할 수 있지요.

◐ 빛 감지 로봇

◐ 청소 로봇

◐ 마이크로 마우스

◐ 경기용 워킹 로봇

그러나 이러한 교육용 로봇 키트는 어린이와 청소년을 대상으로 만들어진 제품이므로 거의 대부분 조립만 하면 되도록 만들어져 있어서 우리가 실제로 할 수 있는 것은 얼마 되지 않아요.

나도 로봇처럼 강해질 수 있나요?

영화 '턱시도'에서 영화배우 성룡이 턱시도를 입으면 힘도 세지고 무술을 아주 잘하게 되는 모습을 볼 수 있어요. 또, 순식간에 총을 조립하고, 격투도 아주 잘하게 되며, 멋진 춤도 출 수 있고, 정말 빠른 속도로 뛸 수도 있지요.

영화처럼은 아니지만 로봇처럼 힘이 세질 수 있도록 로봇 옷이 실제로 개발됐어요. 그것을 입으면 우리도 로봇처럼 될 수 있지요. 일본 벤처 기업에서 만든 로봇 셔츠를 입으면 로봇과 같은 체험을 할 수 있답니다.

🔼 일본의 로봇 셔츠 '할'

일본 쓰쿠바 대학의 산카이 요시유키 교수가 개발한 로봇 셔츠 '할(HAL)'은 착용할 경우 무거운 물건을 손쉽게 들거나 힘들이지 않고 걸을 수 있게 하는 획기적인 인간 보조 로봇이에요.

근육 신호는 '근전도 센서'와 '경도 센서'이 두 가지로 알아낼 수 있어요.

로봇 셔츠는 근육이 발산하는 전기 신호를 미리 감지해 사람이 실제로 움직이기 직전에 로봇이 동작을 대신해 주는 원리지요.

❶ 근전도 센서

근전도란 근육 세포가 흥분하여 수축 작용을 일으킬 때 발생하는 미세한 전기 신호를 증폭시켜 기록한 것을 말해요.

❷ 경도 센서

이 센서는 밴드처럼 팔뚝이나 종아리에 감아서 힘을 주면 근육이 단단해지는 것을 알아내는 센서예요.

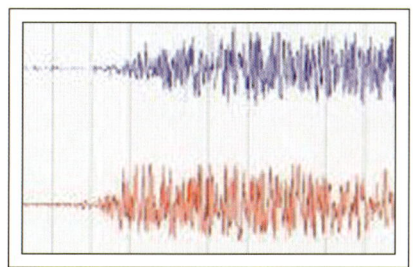

183

어린이를 위한 로봇 체험관은 어디에 있나요?

신기한 로봇들을 직접 구경하고 만져볼 수 있으면 좋겠지요? 멋진 로봇이 나의 로봇인양 당당하게 조종하고 사람들에게 부러움의 시선을 받는다고 상상해 보세요.

그런데 이러한 꿈을 이룰 수 있는 곳이 있어요.

로봇 축구와 로봇 올림피아드 발상지인 대전 지역에 어린이와 청소년들을 위한 로봇 체험관이 생겼어요. 멋진 로봇 전시와 로봇에 대한 교육 및 이벤트 등 각종 로봇들을 한곳에서 모두 경험할 수 있도록 꾸민 공간이지요.

대전에 생긴 이 체험관의 이름은 '스페이스 로봇 월드'로 앞에 소개했던 로봇 축구를 만든 카이스트의 김종환 교수님이 어린이와 청소년들을 위해 만든 로봇 체험관이에요.

○ 스페이스 로봇 월드 전경

스페이스 로봇 월드는 어린이와 청소년들이 눈앞에서 로봇을 구경하며 로봇의 원리를 배우고 직접 로봇을 만들어 보는 복합 로봇 체험 공간이에요. 또, 로봇 대회에도 참여할 수 있답니다.

○ 전국 초·중·고생들이 직접 제작, 전시한 우주 로봇들

○ 로봇 달리기를 체험 중인 어린이

보통, 로봇들이 전시돼 있는 곳에 가면 '만지지 마세요'라고 경고 하는데 로봇 체험관에서는 말 그대로 로봇을 직접 체험하고 만져 볼 수 있어요.

로봇 체험관에서는 '주니어 로봇 아카데미'를 운영하여 전기, 전자, 수학, 기계, 물리 등 기초 과학의 원리를 가르치고 팀별로 교육을 해요. 이러한 양질의 수업을 통해 문제 해결 능력과 집중력, 리더십 등을 키울 수 있다고 해요.

우리나라에 로봇 박물관이 있나요?

로봇을 전시하고 관람할 수 있는 박물관이 서울 종로구 동숭동에 생겼어요. 2004년 5월에 문을 연 이 로봇 박물관은 문화 컨텐츠 전문가인 백성현 교수님이 만들었지요.

◎ 서울 종로구 동숭동에 자리한 '로봇 박물관'

명지전문대학 백성현 교수님이 그동안 수집한 로봇들을 전시해 둔 곳이에요.

로봇 박물관은 로봇이 태어나기 전부터 지금의 뛰어난 능력을 갖춘 로봇이 탄생하기 까지의 모든 발달 과정을 보여 주는 세계적인 로봇 박물관이에요. 제1전시관은 로봇 역사관으로 기원전 100년의 자동 인형을 시작으로 1910년 최초의 로봇 영화가 상영되기까지 로봇의 역사를 한눈에 보여 줘요. 제2전시관은 로봇 문화관으로 로봇과 디자인,

로봇과 광고 등 로봇과 관련된 다양한 문화를 살펴볼 수 있어요. 이곳에는 3,500점의 로봇 작품들이 전시돼 있는데, 특히 세계에서 최초로 공개한 40여 개국의 초기 로봇을 전시하고 있는 것은 우리나라만의 자랑거리지요.

로봇 박물관에는 SF 영화나 만화에서 활약하면서 어린이들의 사랑을 받았던 로보트 태권 V, 아톰, 건담 등의 로봇이 전시돼 있어요. 뿐만 아니라 세계적으로 잘 알려진 유명 로봇들도 전시돼 있지요.

○ 로봇 박물관에 전시된 로봇들

한국 지능 로봇 경진 대회는 어떤 대회예요?

◐ 한국 지능 로봇 경진 대회의 홍보·안내 마스코트

'한국 지능 로봇 경진 대회'는 차세대 동력 산업으로 주목 받고 있는 지능 로봇의 산업화를 장려하고 기술 개발을 유도하며 대한민국의 로봇 산업을 이끌어 나갈 공학인들을 위한 국내 최대 규모의 지능 로봇 대회예요.

이외에도 다양한 지능 로봇 대회들이 있는데 마이크로 마우스(라인트레이서) 대회, 휴머노이드 대회, 로보콘, 배틀 로봇 대회 등이 있어요.

◐ 마이크로 마우스(라인트레이서) 대회

◐ 배틀 로봇 대회

내가 직접 설계하고 제작한 로봇으로 대회에 나가서 1등을 하면 얼마나 좋을까요?

이처럼 자신이 만든 로봇으로 다른 사람의 로봇과 경기를 할 수 있는 로봇 대회는 아주 많아요.

현재 한국 지능 로봇 경진 대회는 크게 지능 로봇 대회와 청소 로봇 대회로 나뉘어요.

'지능 로봇 대회'는 로봇이 얼마나 똑똑한지, 주인이 원하는 대로 제어할 수 있는지, 센서를 잘 사용했는지, 얼마나 완성도가 높은지를 심사해요. 로봇을 얼마나 독창적으로 만들었는지가 가장 중요한 심사 기준이에요.

◑ 2004년 지능 로봇 대회 우승자

'청소 로봇 대회'는 창의적으로 위치를 알아차리는 기술과 로봇이 지도를 그려 가면서 청소를 할 수 있는지, 얼마나 정확하게 이동하는지, 청소를 깔끔하게 하는지를 심사해요. 또한 경기장에 뿌린 잘게 자른 종잇조각이나 쌀, 좁쌀 류를 다른 로봇보다 깨끗하게 치워야 이기는 경기지요.

◑ 2007년 청소 로봇 대회 우승자

5장
차세대 기계 산업의 꽃

미래를 예견하는 과학자들은 2050년쯤에는 물과 공기,
화학 합성물 만으로 음료수나 음식을 마음대로 만들어
먹을 수 있는 시대가 올 거라고 해요.
게다가 2220년쯤에는 초음속 항공기가 실용화되어
전 세계가 30분 생활권에 들며, 또 2500년쯤에는 지혜를
가진 로보 사피엔스(Robo sapiens)라는 새로운 로봇 인간이
등장할지도 모른다는 전망을 내놓고 있답니다.

로봇도 생명체예요? 중에서

차세대 기계 산업의 꽃이 로봇이에요?

● 청소 로봇

● 마이스푼

● 로봇 셔츠

● 아이보

　예전에는 만화 속에서나 볼 수 있었던 로봇을 이제는 실제 우리 생활 속에서 직접 접할 수 있게 됐어요. 이처럼 로봇이 우리와 가까워지면서 로봇 산업에 대한 기대도 커졌지요.

　우리나라의 로봇 산업은 2013년에 30조 원 규모로 확대되고, 그에 따른 고용 효과도 10만 명에 달하는 등 로봇 부문이 미래 핵심 산업으로 집중 육성될 전망이에요. 특히 우리나라는 이 시기에 지능형 로봇 수출 200억 달러를 달성해 세계 시장 점유율 15%를 확보, 세계 3대

○ 노인용 도우미 로봇

국민 로봇 개발 중

우리나라 미래 로봇 산업의 구체적인 계획은 아래와 같아요.

2008년 ~ 2010년	2011년 ~ 2013년
로봇 산업화 기반을 확대해 '도움을 주는 로봇' 시대를 개막해요.	환경 인식과 감성 상호 작용, 자율 행위 등 다양한 첨단 기능이 가능한 네트워크 기반의 '동반자 로봇' 시대를 구현하여 세계 시장을 주도할 예정이에요.

지능형 로봇 기술 강국으로 급부상할 계획이지요.

로봇 산업의 강점은 첨단 기술이 로봇 하나에 다 모이기 때문에 관련 산업이 함께 성장할 수 있다는 거예요. 즉, 로봇 산업은 바이오와 나노 기술의 집합체로, 오늘날의 자동차 산업에 버금가는 미래 기계 산업의 꽃이 될 전망이지요.

안경을 쓴 나도 사이보그라고요?

의족, 의수, 인공심장 등……

사이보그(Cyborg)란 원래 사람이지만 뇌를 제외한 손상된 신체의 일부(손, 발, 내장 등)를 인공적인 구조물로 교체해 원래의 기능을 하게 하거나 더 나은 성능을 발휘하도록 만든 거예요.

팔과 다리를 개조해 엄청난 초능력을 발휘하는 600만불의 사나이와 소머즈, 로보캅 등은 몸속에 보조기나 칩을 넣어 인간 이상의 능력을 발휘하는 사이보그 인간의 대표적인 케이스예요.

현실에서도 원시적인 사이보그는 주변에서 많이 볼 수 있는데, 가장 대표적인 예로 안경을 쓴 사람을 사이보그라고 할 수 있어요. 눈이 좋지 않기 때문에 인공적인 구조물로 보완을 하고 있기 때문이지요. 또 금니를 한 사람도 사

안경 쓴 내가 사이보그?!

사이보그 별거 아니잖아!?

뼈가 손상된 사람에게 인공 뼈를 삽입하기도 하고, 심장이 안 좋은 사람은 인공심장을 달기도 해요. 이런 사람들도 모두 사이보그에 해당되지요.

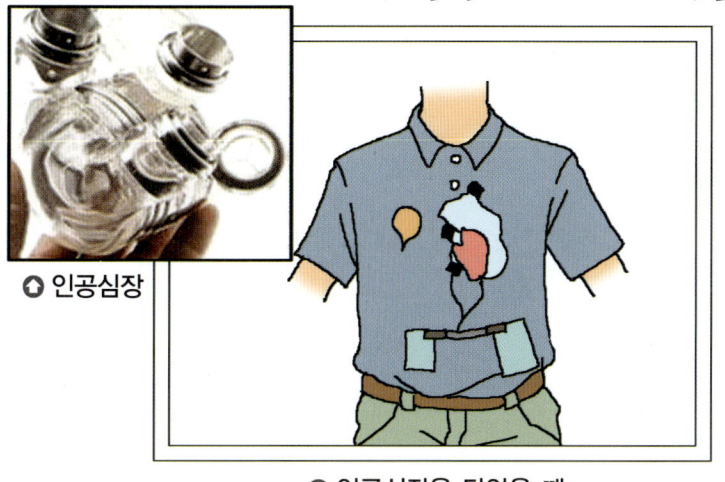

◐ 인공심장

◐ 인공심장을 달았을 때

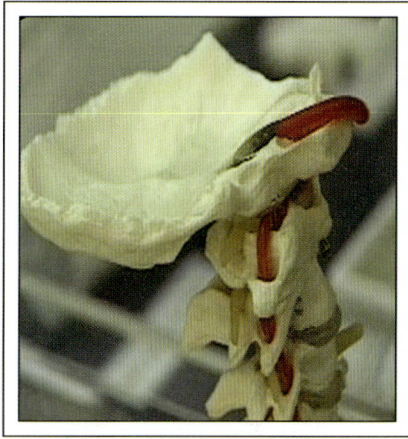

◐ 인공뼈

팔이나 다리가 절단된 사람은 인공팔이나 인공다리를 달기도 하지요.

전문가들에 따르면 2050년쯤에는 무선 송수신 장치를 뇌에 이식한 사이보그들이 생각하는 것만으로 뜻을 주고받게 될 거라고 해요.

따라서 멀리 있는 사람들에게도 텔레파시로 의사 전달을 할 수 있게 되지요.

이보그예요. 원래의 좋지 않았던 이를 금속으로 대체한 것이니까요.
 이처럼 정보 기술과 생명 공학이 발달할수록 사람이 사이보그로 바뀌는 현상이 가속화될 거예요. 그러면 사람과 사이보그의 경계가 허물어지고 로봇과 사이보그의 경계도 모호해지게 되지요.

경비 로봇이 등장할 거라고요?

하루 24시간을 2교대로 나눠 아파트를 돌아보는 경비 아저씨의 역할을 대신할 로봇이 등장할 예정이에요. 이들이 바로 보안 경비 로봇이지요. 국가의 중요한 시설은 물론 우리가 살고 있는 아파트도 지켜 줄 예정이랍니다.

정보 통신부는 네트워크 로봇 시범 서비스를 통해 안내, 홍보, 보안, 교육, 행정 등의 로봇 서비스를 실시할 예정이에요.

모스로
오프로

◎ 독일에서 개발된 보안 경비 로봇

침입자 발견!
침입자 발견!
앗! 보안 경비 로봇이다!

그중에서도 보안 경비 로봇은 사건 발생을 미리 막아내고 침입자의 사진 등 관련 증거 자료를 확보하는 일을 할 거예요.

첫째, 보안 경비 로봇은 경비 구역을 24시간 동안 알아서 순찰하고 현장에서 일어난 일을 수집하고 분석해요.

둘째, 만약 침입자가 있거나 건물에 이상이 생기면 먼저 어떤 상황인지를 판단해요.

셋째, 침입자가 있을 때에는 통제 센터의 지시에 따라 침입자에게 경고 방송을 해요.

넷째, 경고 방송에도 불구하고 침입자가 도망을 가지 않으면 여러 대의 보안 경비 로봇이 서로 협조해 침입자를 추적하고 도망로를 막아 버려요.

　이렇듯 아파트 지하 주차장이나 국가 주요 시설 등에서 여러 대의 로봇이 24시간 경비 근무를 서고, 침입자를 발견했을 경우에 이를 퇴치하도록 하는 보안 경비 로봇 개발 프로젝트가 한창 진행되고 있어요.

　전문가들은 보안 경비 로봇 시장은 매년 8% 이상씩 성장해 2013년에는 보안 장비 시장의 4~5%를 로봇이 차지하게 될 거라고 예상하고 있어요. 아마 이렇게 발전하다 보면 앞으로 5년 뒤에는 아파트 지하 주자창에서 경비 로봇을 만날 수 있게 될지도 모르지요.

로봇과 진지하게 대화를 할 수 있을까요?

1890년대에 에디슨은 자신이 만든 축음기를 이용해 말하는 로봇을 만들었어요. 그 로봇에는 녹음된 테이프가 내장돼 있어 말을 할 수 있었지요. 하지만 이 로봇은 어디까지나 녹음돼 있는 말만 할 수 있는 로봇에 불과했어요. 물론 그 후에 만들어진 로봇들도 대부분 비슷했지요. 즉, 로봇은 프로그램화된 말만 할 수 있지, 자기 스스로 생각해서 인간과 대화를 나눌 정도로 말을 하는 것은 불가능했답니다.

로봇과 진지한 대화를 하기 위해선 로봇에게 인간처럼 스스로 생각할 수 있고 사람의 말을 이해할 수 있는 프로그램이 입력돼야 해요.

그러나 이제 로봇이 사람의 말을 이해하며 사람과 대화를 나눌 수 있게 될지도 몰라요.

물론 아직까지는 간단한 수준의 농담과 은유만을 이해하는 수준이에요. 인공 지능의 기술이 날로 발전하고 있으니까 머지않은 미래에는 사람과 로봇이 수다를 떠는 모습을 볼 수 있게 될지도 몰라요.

로봇은 무엇이든지 다 알아서 해 주나요?

지니는 주인이 시키지 않아도 자기가 할 일을 알아서 척척 처리하는 유능한 심부름꾼이 아니고 인공 지능 프로그램의 일종인 로봇이에요.

유비봇(Ubibot)이란 언제 어디서나 네트워크에 연결해 원하는 정보와 서비스를 이용하는 유비쿼터스 개념과 로봇을 합친 신조어로 이동성 정보 통신 단말기 로봇을 말해요.

유비쿼터스 (Ubiquitous)

라틴어로 '언제 어디서나 존재한다'라는 뜻으로 '유비쿼터스 컴퓨팅'의 줄임말이에요. 그 의미는 언제 어디서나 어떤 것(TV, 휴대 전화, 게임기, 컴퓨터 등)을 이용해서 온라인 네트워크상에 있으면서 서비스를 받는 환경 또는 공간을 뜻해요.

유비봇은 크게 세 가지로 나누어지는데…….

소봇(So bot)	엠봇(Em bot)	모봇(Mo bot)
소프트웨어 로봇	환경이나 이동 로봇 등에 이식돼 로봇 및 사용자의 위치 인식, 사용자 인증, 여러 센서 정보의 합성 등을 담당하는 로봇	사용자의 손발이 돼 힘든 일과 여러 서비스를 제공할 이동 로봇 등

잘 갖추어진 유비쿼터스 컴퓨팅 환경 속에서 이미 실용화된 로봇과 통신 기술을 적절히 조합한다면 이러한 유비쿼터스 로봇은 충분히 실현 가능한 현실이랍니다. 앞으로 지능형 로봇이란 집안에 처박아둔 자동청소기가 아니라 주인이 휴대 전화로 부르면 언제든지 도와 주는 유비쿼터스적인 존재로 다가올 거예요.

입는 로봇을 개발 중이라고요?

SF 영화 '에일리언 2'에는 주인공 시고니 위버가 로봇 안에 들어가 거대한 집게 팔로 외계 생명체를 한방에 날리는 장면이 나오는데, 이것은 로봇을 입고 있었기 때문이에요. 이처럼 사람의 팔과 다리에 부착돼 힘을 키워 주는 장치를 '입는 로봇'이라고 부르지요.

입는 로봇은 군인이나 소방대원이 착용해서 사람의 힘으로 들 수 없는 물건을 옮기는 데 사용될 수 있으며, 몸이 불편한 환자나 노인들을 정상인처럼 움직이게 할 수도 있어요.

우리나라에서는 2006년 11월 '로보월드2006'에서 서강대학교 로

이러한 입는 로봇이 없었다면 아마 시고니 위버는 에일리언을 물리치기 힘들었을 거예요.

○ 입는 로봇 블릭스

미국의 버클리대학 연구팀은 동력원의 소음은 줄이고 힘을 늘리며 기계 장치를 최소화 한 새로운 로봇 다리를 만들려고 노력하고 있어요.

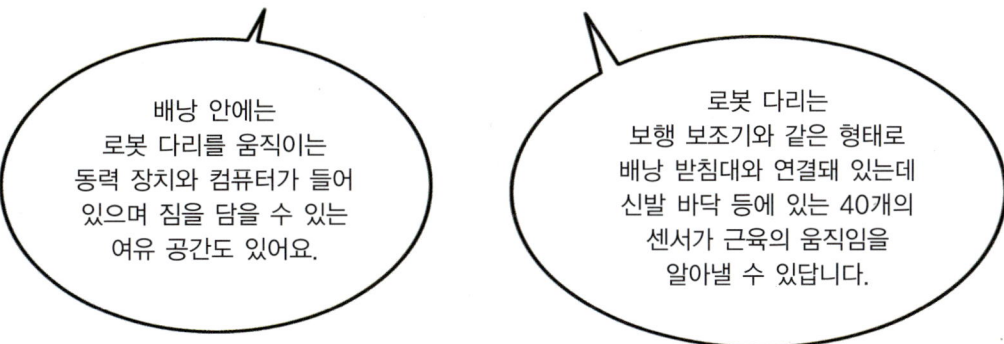

봇 연구팀이 보행보조용 입는 로봇 '슈바'를 선보이기도 했어요.

 이렇게 로봇 기술이 발전하다 보면 무쇠 팔, 무쇠 주먹을 가진 사람이 있는 세상, 다리가 불편해 걷지 못하는 사람이 없는 세상이 오게 될 거예요.

나를 닮은 로봇이 있나요?

나와 똑같은 사람이 내 옆에 있다면 참으로 신비하고 놀라운 일이겠지요? 이런 일은 복제 기술이 발달함에 따라 거의 현실화돼 가고 있어요.

그런데 일본에서는 인간을 쏙 닮은 로봇, 즉 인간 복제품이라고 할 수 있는 로봇을 만들었대요.

이시구로 박사는 이 로봇을 만들기 위해 자신의 신체를 본뜨고 심

일본 오사카 대학의 이시구로 히로시 교수는 자신의 외형적인 모습과 목소리까지 그대로 재현한 로봇 '제미노이드'를 개발했어요.

🔼 제미노이드(왼쪽)와 이시구로 히로시 교수(오른쪽)

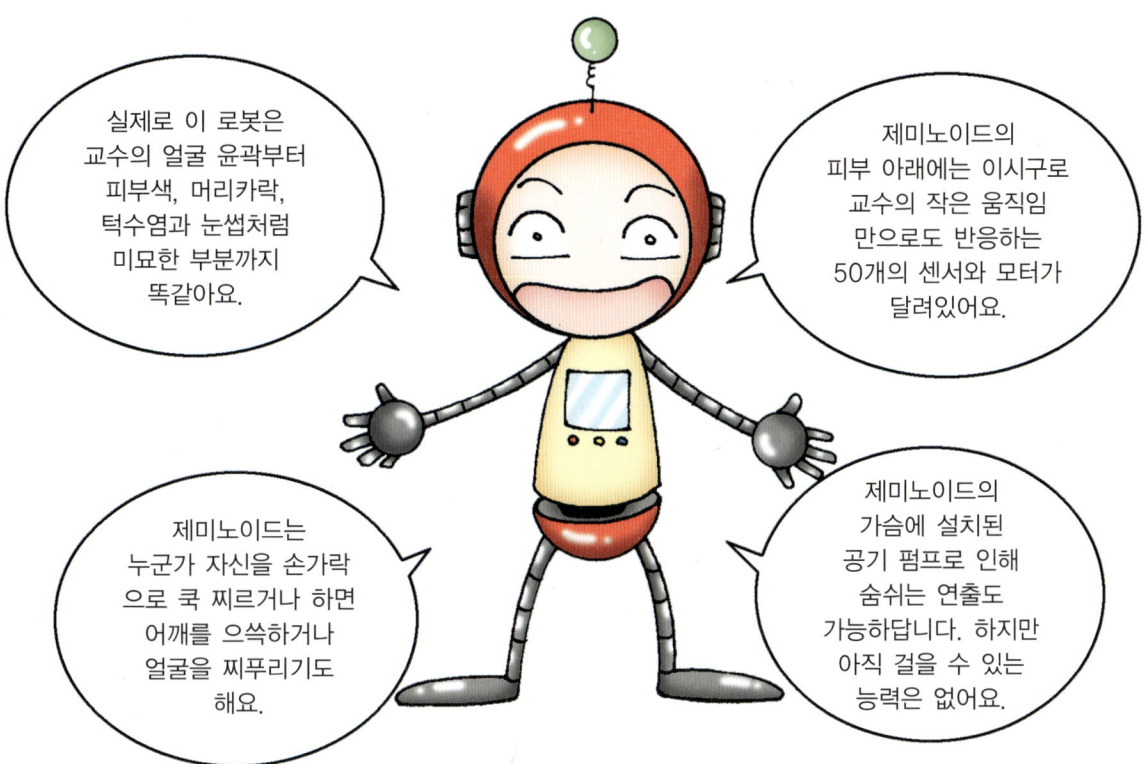

제미노이드는 원격 조정 장치에 의해 멀리 떨어져 있어도 말을 할 수 있고, 약간의 움직임도 취할 수 있어요. 제미노이드를 통해 완전히 똑같은 인간이라고까지는 할 수 없어도 한 사람이 동시에 두 곳에 나타날 수 있는 가능성을 엿볼 수 있답니다.

지어 머리카락까지 심었다고 해요. 제미노이드는 행동은 물론 표정까지 이시구로 박사와 흡사하답니다. 얼핏 보면 그 모습이 이시구로 박사와 쌍둥이라고 해도 믿겨질 정도예요. 또 얼굴의 근육과 피부는 사람과 큰 차이가 안 느껴질 정도로 정교해요. 인구 감소에 따른 노동력 부족을 해결하기 위해서 이런 로봇을 만들었대요.

2050년 일본 인구는 현재의 4분의 3 수준으로 떨어질 거라고 해요. 만약 그렇게 된다면 노동력도 감소할 거예요. 그것은 우리나라도 마찬가지지요. 그래서 이러한 로봇을 만들어 우리의 역할을 대신하게 하려는 것이랍니다.

곤충을 이용해 로봇을 만든다고요?

　곤충의 눈은 수많은 낱눈이 모여 하나의 겹눈을 이루고 있는데, 각각의 낱눈이 미세한 변화를 감지해요. 낱눈이 감지한 정보는 뇌에 모아져 모자이크처럼 사물을 인지하지요.

　1998년, 미국 버클리대학의 마이클 디킨슨 박사 연구팀은 시각 영상이 변하면 자동적으로 파리 날개의 움직임이 바뀐다는 것을 알게 됐어요. 파리의 몸에는 한 쌍의 날개가 퇴화된, 작은 곤봉 모양의 '평균

낱눈 하나는 독립된 점 하나씩만 볼 수 있어요.

곤충의 눈은 수천 개가 모여서 이루어진 겹눈이에요.

각각의 낱눈에 맺힌 물체는 모자이크처럼 하나의 상을 이뤄요.

평균곤으로 인해 파리가 날 때 균형을 잡을 수 있어요.

◯ 파리의 평균곤

곤충의 눈이 물체의 모양을 감지하는데는 서투르지만 모자이크 세상에서 움직이는 물체는 그 움직임이 더욱 과장되어 보여지기 때문에 우리가 파리에게 다가가면 파리는 알아차리지 못하지만 잡으려고 하면 이것을 감지해 재빨리 도망가는 거예요.

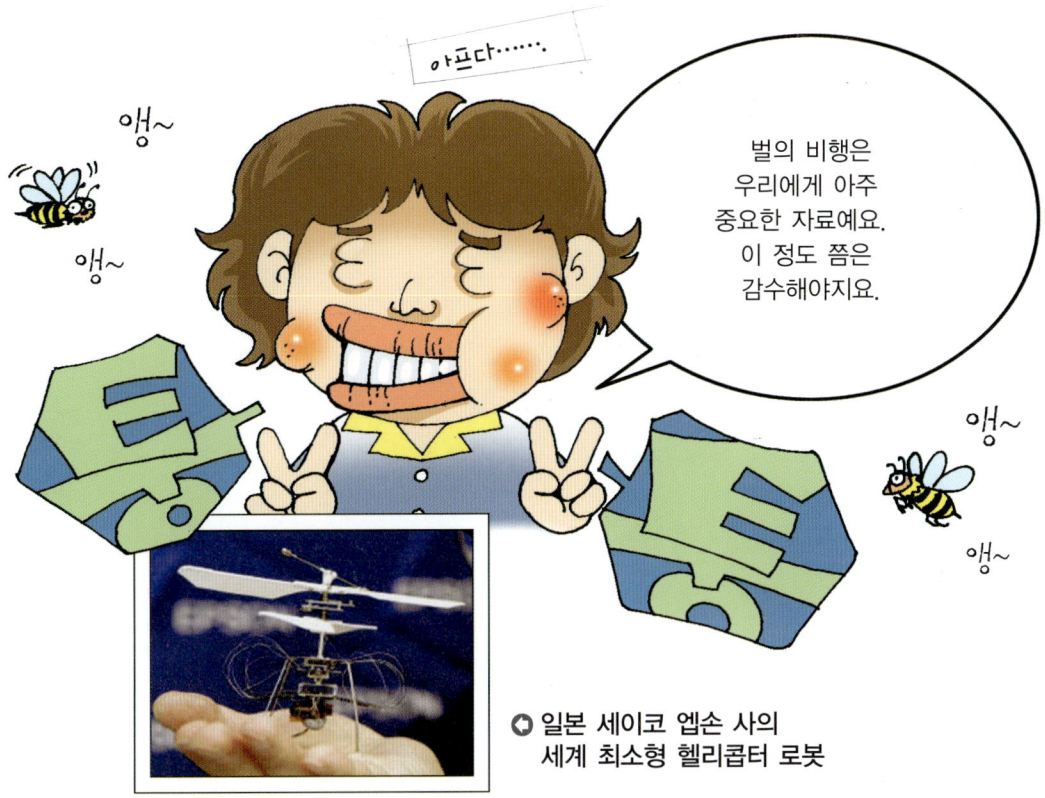

○ 일본 세이코 엡손 사의 세계 최소형 헬리콥터 로봇

곤'이라는 기관이 있는데, 낱눈을 통해 감지한 시각 정보가 이 기관으로 전달돼 파리가 재빨리 비행 경로를 바꿀 수 있대요.

과학자들은 곤충을 연구해 로봇 개발에 활용하고 있는데, 시각 정보에 민감하게 반응하는 곤충의 비행법은 초소형 로봇 개발에 적용되고 있어요.

프랑스 지중해대학의 니콜라스 프랑세스치니 박사팀은 파리나 벌이 비행을 위해 사물의 움직임을 감지하는 방법을 분석해 로봇 비행체에 적용했어요. 그 결과, 로봇 헬리콥터가 속도계나 고도계 없이도 땅과 부딪히지 않고 날 수 있었고, 파리나 벌처럼 사뿐히 내려앉을 수 있었지요.

이러한 연구가 계속된다면, 가까운 미래에는 속도계나 고도계 없이 곤충처럼 하늘을 나는 로봇 비행체를 만날 수 있을 거예요.

로봇도 영혼이 있나요?

많은 SF 영화에는 다양한 모습과 개성을 가진 로봇들이 등장해요. 'SF'는 'Science Fiction'의 약자예요. 즉, 과학적 허구라는 뜻이지요. 이러한 장르적 특수성 때문에 정말 터무니없는 상상력을 가지고 있던 작품도 있었고 '머지않은 미래에는 이러한 일이 현실이 될 것 같아!'라는 작품도 있었어요. 이렇게 많은 작품을 감상하다 보면 스스로 자신에게 질문을 던지게 돼요.

그것은 바로 '로봇도 영혼을 가질 수 있을까?'라는 질문이지요.

어떤 이들은 영혼을 모든 정신 현상과 같은 것으로 보고 있어요. 인간의 뇌에서 일어나는 작용에 의해 생긴 하나의 정신적 활동이라고 주장하지요. 그래서 영혼과 신체의 분리를 인정하지 않아요. 하지만 종교의 영역에서는 이들의 주장을 받아들이지 않고 있어요.

미국의 MIT지능연구소에서는 앞서 말한 영혼을 담는 로봇을 만들려고 하고 있어요. 영혼을 인간의 뇌에서 나오는 정신 현상으로 보고 그것을 담고자 하는 것이지요.

로봇에게 인간의 두뇌를 이식하려는 사람들은 자아나 인격이라는 개념이 한 인간이 태어나서 평생 동안 배우고 얻은 정보의 종합체이므로 로봇도 얼마든지 영혼을 가질 수 있다고 생각해요. 그래서 의식 세계를 구성하는 두뇌의 정보만 저장해 놓으면 우리가 죽어서도 기계를 통해 영원히 자아를 유지할 수 있다고 해요.

그렇다면 우선 우리들이 태어나서 생활하는 모든 것을 카메라로 찍고 자신의 목소리를 카세트 테잎으로 녹음하고 일기를 쓰면서 자신의 자취를 죽을때까지 기록하는 거예요.

그렇게 되면 그 사람에 대한 의식 세계를 알 수 있는데 그것을 이용해 인간의 두뇌 정보를 로봇의 하드웨어에 이식하는 것이지요.

이렇게 생물의 두뇌 정보를 로봇의 하드웨어에 담아두려는 연구가 세계 곳곳에서 진행되고 있답니다.

로봇끼리 전쟁을 할 수 있나요?

미래 대한민국의 육군 전쟁 시나리오에는 로봇이 나와요.
시나리오의 내용을 살펴보면 먼저, 사람이 타지 않은 무인 로봇 정찰기를 이용해 전 주력 부대의 위치와 전투력을 파악하고 대규모 전쟁에 대비하려는 계획을 세워요. 그럼, 현재 전쟁시 사용되거나 개발 예정인 전투용 로봇들에는 어떤 것들이 있는지 살펴볼까요?

전투용 로봇이란 범위를 어떻게 정하느냐에 따라 개념이 다르지만 보통은 실전에 투입해 전자동 또는 자동으로 일정한 임무를 수행할 수 있는 군사용 로봇의 총칭을 말해요.

이런 전투용 로봇은 1990년대부터 미국을 중심으로 개발 되기 시작해 지금은 세계 각지에서 개발 되고 있어요.

무인 정찰기에 의해 탐지된 적의 상세한 정보를 얻기 위해서 장갑차 형태의 '다목적 감시 정찰 로봇'과 총 6개의 바퀴로 구성된 '근접 감시 정찰 로봇'이 쓰여요.

◐ 다목적 감시 정찰 로봇

◐ 근접 감시 정찰 로봇

이외에도 적군이 지뢰를 땅속에 숨겨 놓았을 때, 군인이 직접 탐지기를 가지고 지뢰를 찾으려면 위험하기 때문에 안전하게 지뢰를 제거할 수 있는 '지뢰 탐지 로봇'이 사용될 예정이에요.

◐ 지뢰 탐지 로봇

지뢰 탐지 로봇은 나무 등의 장애물이 앞을 가로 막을 경우 몸속에 있는 전동 톱으로 제거할 수 있는 기능이 있어 지뢰를 찾아내고 없애는 등의 임무를 효과적으로 할 수 있어요.

보행형 견마 로봇 ◑

이미 개발이 추진 중인 바퀴형, 보행형 견마 로봇은 다목적으로 사용되는 전투 로봇이에요. 몰래 숨어 있는 적을 공격하는 등 미래 병사의 전투를 다목적으로 보조하지요. 보행형 로봇은 바퀴가 아닌 다리로 이동하는 로봇이라서 장애물의 영향을 많이 받지 않는답니다.

로봇을 보면 나라가 보인다고요?

사람이 만든 물건에는 자연스레 만든 사람의 기운이 깃들기 마련이에요. 그래서 그 물건만 봐도 만든 사람의 취향이나 성격을 읽을 수 있지요. 예를들어 연필꽂이를 만들 때 예쁘게 칠해 사람의 시선을 끄는 사람이 있는가 하면 연필꽂이에 줄이나 자석을 달아서 벽에 걸 수 있게 실용적으로 만드는 사람이 있지요.

첨단 로봇도 연필꽂이와 마찬가지로 그 로봇을 만든 나라에 따라서 모습과 기능이 달라진다고 할 수 있지요.

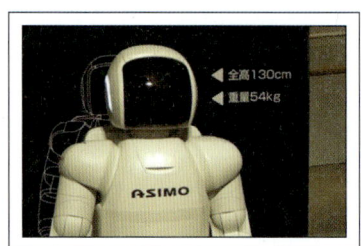

어떤 로봇이 외모가 아주 예뻐서 보는 눈을 즐겁게 해주었다면 그 로봇은 일본에서 만들었을 가능성이 높아요.

일본인이 생각하는 완벽한 로봇이란 영혼이 깃든 살아 숨쉬는 기계 생명체이기 때문이랍니다.

미국 사람들이 만든 로봇은 외모보다 기능을 중요시한 것을 알 수 있어요.
모양은 투박하지만 자신이 목표한 기능을 수행하는 데에는 아주 뛰어나지요.

🔺 가사 로봇 '사이'

🔺 시코 밀레니아

유럽의 경우를 보면 일본이나 미국과는 다르게 자동차나 반도체를
만드는 산업용 로봇 외에는 특징적인 로봇을 만들지 않아요.

로봇이 에너지를 다 써버리면 어떻게 해요?

과학이 발달하고 산업이 발전하면서 인간들은 풍요로운 생활 속에 살고 있어요.

그런데 과학이 발달하면서 다른 문제가 생기기 시작했어요. 소비자들이 새로운 기종이 나올 때마다 새 제품에 더 많은 관심을 갖게 되고, 기존에 쓰던 제품들은 과감하게 버리는 거예요. 그러다 보니 쓰레기는 점점 늘어나고 있답니다.

로봇도 마찬가지예요. 로봇이 우리 생활에서 차지하는 부분은 점점 더 많아지고 있지요.

집안일을 하는 로봇, 병원에서 의사를 돕는 로봇, 군인을 대신할 로봇 등 로봇은 아주 다양한 분야에서 활동하고 있지요.

하지만 이러한 로봇들은 개인용 컴퓨터나 휴대 전화만큼 잦은 업그레이드가 필요하고 이로 인해 로봇도 산업 쓰레기가 될 수 있답니다.

현재 인류 문명의 눈부신 발전은 불의 발견, 증기 기관의 개발과 같은 '에너지 기술 발전'이 있어 가능했어요. 에너지의 사용량은 앞으로 50년 이내에 현재 사용량의 4배에 달할 것으로 보고 있답니다.

우리가 편리한 생활을 하려고 발명한 로봇은 컴퓨터보다 전력 소비가 훨씬 많기 때문에 로봇의 활용 분야가 늘어날수록 에너지는 점점 더 고갈될 확률이 많아요.

가정마다 사용하고 있는 컴퓨터의 국내 전력량은 전체의 6%를 차지하고 있는데

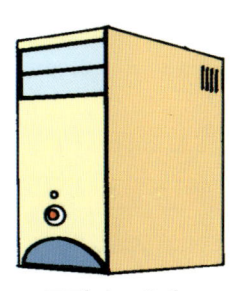

모터 1~2개   여러 개의 모터들

로봇에는 컴퓨터보다 더 많은 모터가 달려 있으니 더 많은 전력을 소비해야 움직일 수 있지요.

앞으로 로봇이 에너지를 고갈시키고 쓰레기로 버려지는 것을 막으려면 무엇보다 로봇을 친환경적으로 재활용하는 방법과 어떻게 하면 에너지를 절약할 수 있을지에 대한 연구가 필요할 거예요.

다 같이 쓸 수 있는 로봇이 있나요?

아침에 일어나 화장실에 앉아 있으면 화장실에 설치된 센서가 혈압, 맥박, 혈당 수치, 체온을 측정해서 병원으로 전송을 해 줘요. 그리고 이메일로 처방을 받지요. 학습 로봇은 학습에 관련된 모든 것을 책임져요. 청소는 청소 로봇이 해 주고, 잔디는 잔디 깎는 로봇이 해 주지요. 하지만 모든 사람들이 다 이런 편리한 혜택을 받을 수 있을까요?

현재의 로봇 자동화 기술의 편리한 혜택은 일부 사람들에게만 집중돼 있어요.

그리고 새로운 로봇 개발도 로봇을 구매할 능력이 있는 사람들을 기준으로 진행되고 있답니다.

그래서 전 생각해 봤지요. '내가 개발한 로봇 기술이 정말 세상을 이롭게 만들 것인가?'

'가정부 한 사람의 노동력을 대체하기 위해 수억원 짜리 홈 오토메이션 로봇을 개발하는 게 타당한 일인가?' 하고 말이지요.

과학자

다양한 성능의 좋은 로봇들이 많이 나온다고 해도 일부 돈이 많은 사람들만 구입해서 사용할 수 있는 상황이지, 일반인들은 엄두도 못 낼 일이에요.

그러나 누구나 사용할 수 있는 로봇이 많이 생긴다면 그런 빈부의 차이로 인한 상황은 어느 정도 해결될 거예요.

에스컬레이터, 엘리베이터, 공중전화 등과 같이 누구라도 사용할 수 있는 공익 차원의 로봇을 '공공 로봇'이라고 해요.

우리나라에서 공공 로봇의 필요성은 더욱 절실한데 몸이 불편한 장애인의 발이 돼 주는 자동 휠체어, 교통수단을 탈 때 필요한 휠체어 리프트, 의사 전달을 위한 컴퓨터 제어용 음성 인식 콘트롤 로봇 등 많은 사람의 편리를 위해 공공 로봇이 사용될 예정이에요.

◐ 휠체어 리프트

◐ 자동 휠체어

로봇도 생명체예요?

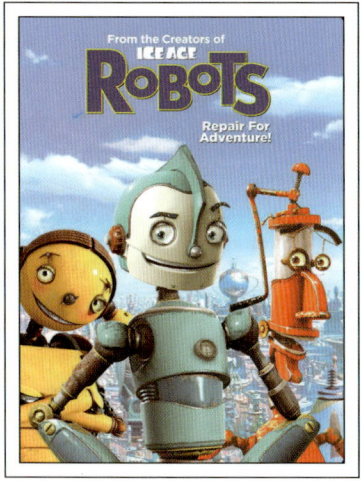

영화 '로봇'에 등장하는 로봇들은 단지 인간을 위해 일해 주는 도구가 아닌, 로봇 자신들의 인생을 살아간답니다.

◐ 영화 '로봇'의 포스터   ◐ 영화 속 다양한 직업에 종사하는 로봇들

　　할리우드 스타들이 목소리 연기를 선보여 화제가 됐던 3D 애니메이션 '로봇'은 작은 빈민가 식당 주인에서부터 거대 기업의 임원들까지, 사람들과 똑같이 다양한 직업을 가진 로봇들로 이뤄진 로봇 세상을 그리고 있어요. 이 영화에서는 로봇이 인간처럼 말하고 고민하며 아기도 낳고 가족을 이루며 살아가지요. 여기서 로봇은 인간을 위해 일해 주는 도구로써의 모습이 아닌 자신의 삶을 자유롭게 살아가는 모습으로 그려지고 있어요.

　　그러나 인간의 생각은 달라요. 애초에 로봇은 하나의 생명체가 아니라 단지 우리의 생활이 편리하도록 만들어진 기계에 불과한 것이었으니까요.

　　미래를 예견하는 과학자들은 2050년쯤에는 물과 공기, 화학 합성

◐ 영화 A.I의 로봇 데이빗

◐ 에일리언 4편에 등장하는 인간형 로봇

인간은 로봇을 점점 더 인간과 흡사하게 만들어 갔어요. 인간은 단지 로봇을 노예로 삼기 위해 인간과 같은 사고와 지능을 부여했던 거예요.

◐ 휴머노이드 로봇 '아시모'

이렇듯 인간와 흡사한, 또는 인간을 거의 능가하는 로봇들이 등장함에 따라 인간과 함께 살아갈 수 있는 새로운 생명체로써의 그 존재 이유를 부여해야 할지 몰라요. 그래서 만들어진 단어가 '로보 사피엔스'. 인류의 조상이 호모 사피엔스였던 것처럼 생명을 가진 로봇의 조상인 로봇 사피엔스가 등장하는 것은 불가능한 것만은 아니랍니다.

물만으로 음료수나 음식을 마음대로 만들어 먹을 수 있는 시대가 올 거라고 해요. 게다가 2220년쯤에는 초음속 항공기가 실용화되어 전 세계가 30분 생활권에 들며, 또 2500년쯤에는 지혜를 가진 로보 사피엔스(Robo sapiens)라는 새로운 로봇 인간이 등장할지도 모른다는 전망을 내놓고 있답니다.

로봇이 세상의 주인공인 시대가 올까요?

인간이 만든 로봇에 의해 인간이 지배를 받는다면 어떨까요? 이런 생각은 로봇을 처음 만들었을 때부터 있었어요.

그런데 이것은 가능성이 있는 이야기예요.

인간이 다른 동물보다 뛰어난 점은 생각할 수 있는 능력인데, 로봇이 그런 인간의 고유한 능력을 가지게 되면 로봇이 인간을 지배하는 최악의 상황이 벌어질지도 모르지요. 더군다나 로봇은 여러 가지 면에서 인간보다 강해요. 아픔도 없고, 슬픔도 못 느끼니까 인간처럼 고통을 느끼지 못하지요. 그러니 자신을 만들어 준 인간을 공격하면서 아무런 죄책감도 느끼지 못하는 건 당연하지요.

○ 터미네이터 3편의 한 장면

아픔, 슬픔, 고통, 죄책감을 느끼지 못하는 로봇인 터미네이터가 인간을 향해 공격하고 있어요.

스타 워즈의 한 장면 ○